W0086214

© Verlag Zabert Sandmann
München
4. Auflage 2010
ISBN 978-3-89883-277-9

Grafische Gestaltung	Georg Feigl, Jürgen Endriß (Netzwerk GbR)
Fotografie	Susie Eising
Foodstyling	Monika Schuster
Porträtfotos	Foto Sessner
Rezeptbearbeitung	Monika Reiter, Gerlinde Hans
Mitarbeit (Rezepte)	Patrick Raaß, K. Joe Gasser
Redaktion	Eva Hege, Katharina Lisson, Alexandra Schlinz
Herstellung	Karin Mayer, Peter Karg-Cordes
Lithografie	Christine Rühmer
Druck & Bindung	Mohn media Mohndruck GmbH, Gütersloh

 Beim Druck dieses Buchs wurde durch den innovativen Einsatz der Kraft-Wärme-Kopplung im Vergleich zum herkömmlichen Energieeinsatz bis zu 52% weniger CO_2 emittiert. *Dr. Schorb, ifeu. Institut*

In Zusammenarbeit mit dem Bayerischen Fernsehen
mit Lizenz durch die BRW-Service GmbH

Besuchen Sie uns auch im Internet unter www.zsverlag.de

ALFONS SCHUHBECK

Meine
Küchengeheimnisse

ZABERT SANDMANN

Inhalt

Das Geheimnis meiner Kladde

Vor einiger Zeit ging mir, ich weiß nicht weshalb, durch den Kopf: »Seit 40 Jahren bist du jetzt Koch, hast die Hotelfachschule besucht, in Salzburg, Genf, Paris und London mit großen Kollegen gearbeitet und vor 20 Jahren eine sehr erfolgreiche Kochschule gegründet. Nicht wenige Leute kennen und mögen dich. Bist du zufrieden mit dir und dem, was du bisher hinterlassen hast?« Die Antwort lautete, weil ich mir gegenüber - fast - immer ehrlich bin: »Nicht wirklich.« Als ich noch einmal darüber nachdachte, wurde mir klar, was mir fehlte und ein Gefühl der Unzufriedenheit gab: »Du hast das, was dir nach genauem Hinsehen, aufmerksamem Zuhören, ständigem Dazulernen eingefallen ist, nur teilweise weitergegeben.« Überdies habe ich die von mir entwickelten Arbeitsmethoden, auf die ich meist erst nach langem Ausprobieren gekommen bin, oft für mich behalten oder nur mit einem kleinen Freundeskreis geteilt.

Seltsam, dass das so gewesen ist, obwohl ich mir vom ersten Tag meiner Lehre an alles aufgeschrieben habe, was ich bei meiner beruflichen Wanderschaft - die hält bis heute an, auch wenn ich an Ort und Stelle bleibe - lernte, aufschnappte, schmeckte und entwickelte. Mein Notizbuch - manche Menschen nennen so etwas eine »Kladde« - hat, wie sich denken lässt, mittlerweile den Umfang eines dicken Buches angenommen.

Ich bin kein Geheimniskrämer. Trotzdem - irgendwie sitzt wohl sogar in mir ein Stück der Denkart alter Küchenmeister: »Von meinen kostbaren Perlen werde ich auf keinen Fall anderen erzählen.« Weshalb sonst hätte ich, wenn mir etwas eingefallen war, was die Arbeit am Herd grundsätzlich veränderte, dieses Wissen nur meiner »Kladde« anvertraut. Oder allenfalls einigen ausgesuchten Menschen. Dabei predige ich die Einfachheit der regionalen Küche und beschreibe auch genau, was ich darunter verstehe. Ich versuche verständlich zu machen, warum das endlose Herumhantieren an den Zutaten eines Gerichtes kein besseres Ergebnis bewirkt; oft führt es sogar zum Gegenteil. Immer wieder warne ich vor dem »hochgeheizten heftigen Hitzeschock«, von dem es heißt, er schließe die Poren des Fleisches. Nur sanftes Garen hebt alle Lebensmittel in die Höhe. Fleisch wird durch die lang anhaltende Höllenhitze, der es ausgesetzt wird, weder saftig noch gehaltvoll oder gar aromatisch. Sie bringt jede Sauce um ihren Wohlgeschmack. Und seit Jahrzehnten geht es mir darum, zu vermitteln, wie eine gesunde, schmackhafte, einfach zu handhabende Küche funktioniert. Ich habe, obwohl ich so vieles ausprobieren konnte und sehr erfolgreich damit war, meine Erkenntnisse nicht immer mit jenen geteilt, denen ich eigentlich auf den rechten Weg verhelfen will. Ich habe dadurch eben doch ein Geheimnis aus meinem Wissen gemacht, obwohl ich es so gerne mit anderen teile.

In dem Wort »geheim« aber steckt das Wort »Heim«, und das hat mal so viel wie »vertraut« bedeutet, erklärte mir ein Freund. Deshalb muss meine Kladde unter Leute, die mir »vertrauen«, sagte ich mir. Einerlei, ob sie beruflich, als Amateure oder »weil mir leider nichts anderes übrig bleibt« am Herd stehen. Ich muss das auch deswegen tun, weil mittlerweile so viel zusammengekommen ist: die von mir entwickelten Methoden, ebenso wie kleine Tricks, Kniffe und Handgriffe, die manchmal durch andere Küchenfreunde - unbemerkt - an mich herangetragen worden sind. Was wiederum damit zu tun hat, dass uns alle eine Kraft antreibt: der Wille zum Besten. Er ist das Geheimnis unseres Könnens.

Es ist kein Geheimnis, wenn ich Ihnen, liebe Leserinnen, liebe Leser, zum Schluss verrate: Die Kenntnis des wertvollsten Geheimnisses nützt nichts, wenn dem Menschen am Herd die Liebe zu dem und die Sorgfalt für das fehlt, was er tut. Die Liebe zum Kochen vorausgesetzt, und mit der Kladde in der Hand sollte Ihnen etwas Tolles gelingen. Dafür wünsche ich Ihnen viel Erfolg!

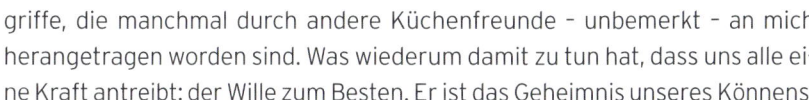

Vorspeisen
& kleine Gerichte

Küchengeheimnis Tomaten

Frische Tomaten mögen es warm und sollten bei 12 bis 14 °C gelagert werden. Filetiert und im Ofen getrocknet, entwickeln sie ein besonders intensives Aroma. Ofentomaten halten sich mit Olivenöl bedeckt im Kühlschrank ein paar Wochen. Sie schmecken in Salaten und Nudelgerichten, zu gebratenem Fisch- oder Hähnchenbrustfilet. Tomatensuppe oder -sauce – das ist vor allem eine Frage der Konsistenz und der Intensität des Aroma. Fein gewürfelte Zwiebel und Karotte sollten unbedingt vorab angedünstet werden, damit sie weich sind, wenn die säurehaltigen Tomaten dazukommen – diese bremsen nämlich den Garprozess. Soll die Sauce dickflüssiger sein, lässt man sie länger einköcheln. Für Tomatensuppe etwas mehr Brühe dazugeben und nicht so lange garen. Außerhalb der Saison verwende ich lieber sonnengereifte Tomaten aus der Dose statt frischer Ware.

Tomaten häuten

1

Von den Tomaten den Stielansatz herausschneiden und die gegenüberliegende Seite kreuzweise einritzen.

2

Die Tomaten etwa 1/2 Minute in siedendes Wasser legen. Mit dem Schaumlöffel herausnehmen und eiskalt abschrecken.

3

Die aufgeplatzte Haut vorsichtig mit einem kleinen Messer abziehen und die Tomaten in Viertel schneiden.

4

Die Tomatenviertel von Kernen und Innenwänden befreien und das Fruchtfleisch nach Belieben in kleine Würfel schneiden.

Gehäutete, entkernte Tomatenviertel werden als Zutat für viele verschiedene Gerichte benötigt. Den ungenießbaren grünen Stielansatz vor dem Überbrühen herausschneiden, er enthält den giftigen Stoff Solanin. Durch das kreuzweise Einritzen der Haut lässt sich diese nach dem Überbrühen und Abschrecken ganz leicht entfernen. Während der Saison reichen bei reifen Früchten etwa 20 Sekunden zum Überbrühen; außerhalb der Saison kann es durchaus länger dauern. Die ausgelösten Kerne haben viel Aroma, können gemixt, passiert und für Saucen und Dressings verwendet werden. Oder man gart sie direkt in klaren Brühen oder Fonds mit, wo sie den Klärprozess unterstützen.

Ofentomaten zubereiten

1
Backofen auf 120 °C vorheizen.
16 gehäutete Tomatenviertel
mit der runden Seite nach oben
auf ein Backblech legen. Mit
2 TL Puderzucker bestäuben.

2
1 Knoblauchzehe (in Scheiben)
und 3 Rosmarinzweige zwi-
schen den Tomaten verteilen.
Tomaten etwas salzen und mit
100 ml Olivenöl beträufeln.

3
Die Tomatenviertel im Ofen
auf der mittleren Schiene 1 bis
1½ Stunden trocknen. Aus
dem Ofen nehmen und abkühlen lassen.

Tomatensauce zubereiten

1
1 Zwiebel schälen und in feine
Würfel schneiden. 1 Karotte putzen, schälen und in sehr kleine
Würfel schneiden.

2
1 EL Puderzucker in einem Topf
karamellisieren. Zwiebel- und
Karottenwürfel dazugeben und
weich dünsten. 2 EL Tomatenmark kurz mitrösten.

3
800 g passierte Tomaten dazugeben und unterrühren. 350 ml
Gemüsebrühe dazugießen.

4
Alles 40 Minuten köcheln lassen. 1 Knoblauchzehe (in Scheiben), 1 bis 2 Lorbeerblätter,
1 TL Piment und 1 Nelke dazugeben, 20 Minuten ziehen lassen.

5
Nach Ende der Garzeit die
Sauce durch ein nicht zu feines
Sieb streichen.

6
Etwas Zimt und Muskatnuss
frisch darüberreiben und die
Sauce zusätzlich mit 1 Prise
getrocknetem Oregano, etwas
Salz und 1 Prise Zucker würzen.

Küchengeheimnis Paprika & Chili

Paprika und Chili gehören zur gleichen Pflanzenfamilie. Die meiste Schärfe sitzt in den Samen und in den Häutchen, an denen sie wachsen. Bei frischen Schoten werden Samen und Häutchen deshalb oft entfernt. Zur Herstellung von mildem Chilisalz aus getrockneten Chilischoten entferne ich die Kerne, für scharfes Chilisalz verwende ich sie mit. Bei Gemüsepaprika, wie man sie heute bekommt, wurde die Schärfe durch Züchtung immer mehr abgemildert. Paprikaschoten sind vielseitig einsetzbar. Sie können klein geschnitten in Dips und Nudelgerichte gerührt oder unter Salate gemischt werden. Im Ganzen eignen sie sich zum Füllen und Schmoren. Die Farbe der Schoten ist übrigens nicht unbedingt ein Sortenmerkmal, sondern Ausdruck des jeweiligen Reifegrads. Grüne Schoten sind unreif gepflückte, rote, gelbe und orangefarbene sind an der Pflanze gereifte Früchte.

Paprikaschoten häuten

Backofenmethode: Geputzte und geviertelte Paprika mit der Haut nach oben auf ein Blech legen. Mit etwas Öl bestreichen.

Paprikaviertel direkt unter dem Grill einige Minuten rösten, bis die Haut schwarz wird. Aus dem Ofen nehmen und häuten.

Dämpfmethode: Paprikaschoten putzen und vierteln. Auf den Einsatz eines Dämpftopfs legen und 10 Minuten dämpfen.

Die Haut der gedämpften Paprikaviertel mit einem kleinen Messer von der Spitze her abziehen.

Paprikaschoten sind besser bekömmlich, wenn sie vor dem Verzehr gehäutet werden. Die einfachste Methode ist das Schälen roher Paprikaschoten mit dem Sparschäler. Das geht am besten, wenn die Schoten vorher so geviertelt werden, dass die Schnitte jeweils in einer Vertiefung gesetzt werden. Ein feiner Röstgeschmack entsteht, wenn die Viertel mit der Haut nach oben auf ein Backblech gelegt, mit Öl eingepinselt und unter dem Backofengrill auf der obersten Schiene einige Minuten geröstet werden. Die Haut wird dabei schwarz, löst sich an diesen Stellen vom Fruchtfleisch und kann nach kurzem Abkühlen leicht abgezogen werden. Ganz einfach lässt sich die Haut nach 10 Minuten Dämpfen oder Kochen in Salzwasser abziehen.

Paprikaschoten zum Füllen vorbereiten

1

2

3

Für gefüllte Paprikaschoten (siehe S. 28) von den (Mini-)Paprikaschoten einen Deckel mitsamt dem Stiel abschneiden.

Die Trennwände und die Kerne mit dem Messer aus den Schoten entfernen. Die Schoten waschen und trocken tupfen.

Die Mini-Paprikaschoten unten etwas flach schneiden, damit sie besser in der Form stehen.

Frische Chilischoten vorbereiten

1

2

3

Die frischen Chilischoten der Länge nach halbieren. Dabei am besten am Stiel festhalten.

Zum Entkernen mit dem Rücken von einem spitzen Messer an den Innenflächen entlangfahren, die Kerne abstreifen.

Die halbierten Chilischoten kalt waschen, dabei restliche Kerne entfernen. Dann je nach Rezeptangabe zerkleinern.

Mildes Chilisalz herstellen

1

2

3

Von einer getrockneten Chilischote den Stiel abziehen und die Kerne herausschütteln.

Die getrocknete Chilischote in den Mörser geben und mit dem Stößel zu feinen Flocken zerreiben.

Etwa 2 EL feines Salz pro 1 bis 2 TL Chiliflocken dazugeben und untermischen.

Küchengeheimnis Kraut

K raut gibt es das ganze Jahr über: lockeres, zartes Frühkraut und Spitzkohl, aber auch mittelfrühe Weißkrautsorten eignen sich gut für roh marinierten Krautsalat. In dünne Spalten geschnitten und bei mittlerer Hitze angebraten, sind sie eine feine Beilage. Für die relativ kurz gebratenen Krautfleckerl sind diese zarten Sorten auch ideal. Herbstkraut, Winterweißkraut und Blaukraut eignen sich dagegen in erster Linie zum Dünsten und Schmoren, beispielsweise für Bayerisch Kraut oder Blaukraut. Sie werden für die meisten Zubereitungen in dünne Streifen gehobelt oder geschnitten, für Bayerisch Kraut auch gerne in Rauten. Neben Weißkrautblättern kann man für Krautwickerl auch Rotkohl nehmen, vor allem, wenn die Füllung aus Wildbret besteht. Der Großteil der deutschen Weißkohlernte wird übrigens für die Herstellung von Sauerkraut verwendet.

Kraut für Krautwickerl vorbereiten

1

Den Strunk mit einem stabilen Messer großzügig aus dem Kohlkopf schneiden.

2

Mit einer Fleischgabel tief in die Aushöhlung stechen.

3

Den Kohlkopf an der Gabel in einen großen Topf mit reichlich kochendem Wasser tauchen.

4

Ein Kohlblatt von der Spitze her vom Kohlkopf abrollen. Dann den Kohlkopf wieder ins Wasser tauchen. So weiterverfahren.

Der Strunk in der Mitte des Kohlkopfs hält die Blätter zusammen. Wird er großzügig herausgeschnitten, lassen sich die Blätter nacheinander einzeln gut ablösen. Damit die Blätter dabei ganz bleiben, taucht man den Kohlkopf kurze Zeit in kochendes Wasser. Dadurch werden die Blätter weicher und können von der Blattspitze her vorsichtig abgerollt werden. Der Kohlkopf wird nach jedem abgelösten Blatt erneut ins kochende Wasser getaucht. Die dicke Blattrippe schneidet man anschließend heraus; wenn sie nicht allzu dick ist, kann man sie auch einfach flacher schneiden. Das ist wichtig, damit die Krautwickerl gut geformt werden können und das Krautblatt beim Schmoren gleichmäßig weich wird.

Sauerkraut zubereiten

1 Zwiebel schälen und in feine Würfel schneiden. 1 EL Puderzucker in einem Topf bei milder Hitze karamellisieren. Die Zwiebel darin andünsten.

Mit 100 ml Weißwein ablöschen und den Wein fast vollständig einkochen lassen. 800 g Sauerkraut dazugeben.

400 ml Gemüsebrühe angießen. Alles bei milder Hitze etwa 45 Minuten schmoren.

2 angedrückte Wacholderbeeren, 5 Pfefferkörner, je 1 TL Kümmel und getrockneten Majoran in einen Einwegteebeutel füllen und verschließen.

Das Lorbeerblatt und den Teebeutel mit den Gewürzen nach 30 Minuten zum Kraut in den Topf geben.

Am Ende der Garzeit das Gewürzsäckchen und das Lorbeerblatt entfernen. Das Kraut mit 1 Prise Zucker und nach Belieben mit etwas Salz würzen.

Gebratenes Weißkraut zubereiten

½ Kopf junges Weißkraut waschen und in 6 bis 8 dünne Spalten schneiden.

Die Krautspalten in 1 bis 2 EL brauner Butter bei mittlerer Hitze auf jeder Seite etwa 5 Minuten braten.

Das gebratene Weißkraut mit grünem Pesto oder etwas Sauce von dem Gericht, zu dem es serviert wird, anrichten.

Küchengeheimnis Käse

Käse entfaltet seinen Geschmack optimal bei Zimmertemperatur, deshalb sollten Sie ihn rechtzeitig vor dem Servieren aus dem Kühlschrank nehmen. Am besten reift Käse im Ganzen. Je reifer Käse wird, umso kräftiger ist er im Geschmack. Fast alle Käsesorten eignen sich auch zum Kochen. Hartkäse wie Parmesan oder Bergkäse wird dafür fein gerieben oder dünn gehobelt, andere Sorten wie Blauschimmelkäse werden zerbröckelt und unter Salatmarinaden oder Nudelsaucen gemischt; Ziegenkäse kann mit Zucker bestreut kurz flambiert werden. Unabhängig von der Zubereitung gilt für alle Käsesorten: Sie sollten nicht kochen, damit sie nicht gerinnen. Wenn man zum Käse allerdings Speisestärke gibt – wie beispielsweise beim Käsefondue –, sorgt diese dafür, dass der Käse auch bei hoher Temperatur schön gleichmäßig schmilzt.

Die Käse-Uhr

Die sogenannte Käse-Uhr wird in erster Linie bei Käseverkostungen angerichtet. Dabei legt man die verschiedenen Sorten von der mildesten bis zur kräftigsten bzw. schärfsten im Kreis auf, um jede Sorte gut schmecken zu können. Traditionell begann man um »6 Uhr«, heute fängt man häufig um »13 Uhr« mit der mildesten Sorte an und legt alle weiteren Käse im Uhrzeigersinn auf.

Käsesorten – von mild bis kräftig

Brillat Savarin ist ein schnittfester Frischkäse aus Kuhmilch. Er schmeckt mild, cremig und sahnig und sollte möglichst rasch verzehrt werden.

Camembert ist ein Weichkäse aus Kuhmilch, dessen Rinde mit weißem Edelschimmel überzogen ist. Mit zunehmender Reife wird er kräftiger im Geschmack.

Tête de Moine ist ein zylinderförmiger Schnittkäse aus Kuhmilch. Die gekräuselten Scheiben erhält man, wenn man ihn mit der »Girolle« schneidet.

Comté ist ein Hartkäse aus Kuhmilch. Er ist deutlich milder als Greyerzer (Gruyère) und wird jung oder gereift (mind. 6 Monate) angeboten.

Greyerzer ist ein Hartkäse aus Kuhmilch, der in verschiedenen Reifestufen von mild bis extrareif angeboten wird. Er schmilzt besonders gut.

Crottin de Chavignol ist ein Weichkäse aus Ziegenmilch, den man als kleine Törtchen (à 60 g) bekommt. Er hat eine natürliche Rinde.

Brin d'Amour ist ein Schafskäse aus Korsika, der in einer Kräuterhülle aus Rosmarin und Bohnenkraut reift. Er hat einen fein säuerlichen Geschmack.

Reblochon ist ein halbfester Schnittkäse aus Kuhmilch mit einer gelb-rosigen oder orangefarbenen Rotflora. Er schmeckt nussig und vollmundig.

Roquefort ist ein Weichkäse aus Schafsmilch. Er hat fast keine Rinde und ist vollständig von grünblauem Edelschimmel durchzogen.

Rindercarpaccio
mit Meerrettichrahm

Zutaten für 4 Personen

2 EL Mayonnaise
1 EL Crème fraîche
1–2 EL Sahnemeerrettich
(aus dem Glas)
1–2 EL Milch
einige Spritzer Zitronensaft
Salz · Pfeffer aus der Mühle
4–6 Wachteleier
4 Cocktailtomaten
4 Kapernäpfel
4 Cornichons
4 eingelegte Sardellenfilets
400 g Rinderfilet
Olivenöl für die Folie und
zum Beträufeln
5 EL Olivenöl
1–2 EL Zitronensaft
2 TL Kapern
je 4 grüne und schwarze Oliven

1 Die Mayonnaise mit der Crème fraîche und dem Sahnemeerrettich verrühren. Mit etwas Milch verdünnen. Den Meerrettichrahm mit Zitronensaft, Salz und Pfeffer würzen und in einen Spritzbeutel mit sehr kleiner Lochtülle füllen.

2 Die Wachteleier in kochendem Wasser knapp 3 Minuten garen, kalt abschrecken, pellen und halbieren. Die Cocktailtomaten waschen und ebenso wie die Kapernäpfel halbieren. Die Cornichons schräg in Scheiben oder Stücke schneiden, die Sardellenfilets trocken tupfen.

3 Das Rinderfilet mit einem scharfen Messer in knapp 1 cm dicke Scheiben schneiden. Die Scheiben dann in etwa 1½ cm große Quadrate schneiden. Diese Filetstücke mit reichlich Abstand zwischen zwei Lagen geölte Frischhaltefolie legen und mit der flachen Seite des Fleischklopfers oder dem Plattiereisen gleichmäßig dünn klopfen.

4 Olivenöl und Zitronensaft verrühren und flache Teller mit etwas Öl-Zitronensaft-Mischung bestreichen. Mit Salz und Pfeffer würzen. Die dünnen Filetscheiben leicht überlappend auf den Tellern anrichten, mit der Öl-Zitronensaft-Mischung bestreichen und mit Salz und Pfeffer würzen. Den Meerrettichrahm gitterförmig darüberspritzen. Das Rindercarpaccio mit den Wachteleiern, Cocktailtomaten, Kapernäpfeln, Cornichons, Sardellen, Kapern und Oliven garnieren. Nach Belieben mit Pflücksalat und Selleriegrün servieren.

Das *Geheimnis* der hauchzarten Scheiben

» Traditionell wird das Rinderfilet im Tiefkühlfach angefroren, damit man es mit der Aufschnittmaschine in feinste Scheiben schneiden kann. Durch das Plattieren erübrigt sich das Anfrieren, man braucht keine Maschine, und die Scheiben kommen trotzdem hauchdünn auf den Teller. «

Das Rinderfilet mit einem scharfen Messer in knapp 1 cm breite Scheiben schneiden.

Die Filetscheiben zunächst in 1 1/2 cm breite Streifen und diese in etwa 1 1/2 cm breite Stücke schneiden.

Das Fleisch zwischen zwei Lagen geölte Frischhaltefolie legen. Mit einem glatten Fleischklopfer oder Plattiereisen sehr dünn klopfen.

Für ein dekoratives Saucengitter den Meerrettichrahm in einen Spritzbeutel mit kleinster Lochtülle füllen.

Rindertatar
mit Sardellen und Wachteleiern

Zutaten für 4 Personen

500 g mageres Rindfleisch
(aus der Oberschale)
Salz · Zucker
1 Schalotte
3 eingelegte Sardellenfilets
1 kleine Essiggurke
1–2 TL Kapern
5 EL mildes Olivenöl
1 EL Tomatenketchup
1 1/2 TL scharfer Senf
milde Chiliflocken
1 Msp. gemahlene Kurkuma
1 Msp. Paprikapulver (edelsüß)
Pfeffer aus der Mühle
4 Wachteleier
4 Cocktailtomaten
4 Kapernäpfel
80 ml Gemüsebrühe
2 EL Weißweinessig
200 g gemischte Salatblätter

1 Das Rindfleisch in Würfel schneiden, mit Salz und 1 Prise Zucker würzen und durch den Fleischwolf drehen. Schalotte schälen und in feine Würfel schneiden. Schalottenwürfel in einem Topf in kochendem Salzwasser 2 Minuten blanchieren. In ein Sieb abgießen, kalt abschrecken und abtropfen lassen.

2 Die Sardellenfilets trocken tupfen und mit der Essiggurke und den Kapern fein hacken. Alles mit dem Rinderhackfleisch, den Schalottenwürfeln, 2 EL Olivenöl, dem Ketchup, 1 TL Senf, 1 Prise Chiliflocken, Kurkuma und Paprikapulver mischen. Mit Salz und Pfeffer kräftig würzen. Das Rindertatar zugedeckt kühl stellen.

3 Die Wachteleier in kochendem Wasser knapp 3 Minuten garen, kalt abschrecken, pellen und halbieren. Die Cocktailtomaten waschen und ebenso wie die Kapernäpfel halbieren.

4 Für die Vinaigrette die Brühe mit dem Essig und dem übrigen Senf verrühren. Das restliche Olivenöl langsam unterschlagen. Mit Salz, Pfeffer und 1 Prise Zucker würzen. Die Salatblätter putzen, waschen, trocken schleudern und in der Vinaigrette wenden.

5 Zum Servieren einen Metallring (etwa 10 cm Durchmesser) jeweils auf einen Teller setzen. Das Tatar nochmals würzen, ein Viertel der Hackfleischmasse in den Ring füllen, glatt streichen und den Ring abziehen. Den Salat mit den Wachteleiern, den Cocktailtomaten und den Kapernäpfeln auf dem Tatar anrichten. Die restliche Vinaigrette um das Tatar herumträufeln und das Tatar mit Pfeffer bestreuen. Nach Belieben mit geröstetem Weißbrot servieren.

Das *Geheimnis* des perfekten Tatars

» Das A und O eines perfekten Tatars ist sein Geschmack. Deshalb schneide ich alle Zutaten sehr fein und mische sie gründlich unter das Fleisch. Wenn Sie das Tatar vor dem Servieren noch kurz kühl stellen, sollten Sie es anschließend noch mal abschmecken. «

Das Fleisch erst kurz vor dem Zerhacken mit Salz und Zucker würzen – so verstärken sich Geschmack und Farbe.

Die gewürzten Fleischwürfel durch den Fleischwolf (feine Scheibe, max. 1/2 cm Lochgröße) drehen oder sehr fein hacken.

Kapern, Essiggurke und Sardellen sehr fein schneiden, damit sie – und ihr Aroma – später gleichmäßig im Tatar verteilt sind.

Eine schöne Form bekommt das Tatar mithilfe eines Metallrings: Direkt auf dem Teller füllen, glatt streichen und den Ring entfernen.

Tomatenpizza
mit Gorgonzola, Sardellen und Oliven

Zutaten für 4 Personen
Für die Tomatensauce:
1/2 Zwiebel · 1/2 Karotte
1 TL Puderzucker
1/2 EL Tomatenmark
300 g passierte Tomaten
(aus der Dose)
130 ml Gemüsebrühe
1/2 Knoblauchzehe (geschält)
1 Lorbeerblatt · 2 Pimentkörner
1 Gewürznelke
1 Stück Zimtrinde
frisch geriebene Muskatnuss
getrockneter Oregano
Zucker · Salz

Für den Teig:
1/4 Würfel Hefe (10 g)
250 g Mehl · 2 EL Olivenöl
Salz · Öl für das Blech
Mehl zum Ausrollen

Für den Belag:
375 g Büffelmozzarella
getrockneter Oregano
1 frische rote Chilischote
2 Stiele Basilikum
6 EL mildes Olivenöl
1/2 ausgekratzte Vanilleschote
1 Zimtrinde
1 Knoblauchzehe (in Scheiben)
2 kleinere Tomaten
150 g Gorgonzola
50 g scharfe Salami
1–2 EL Kapern
10 eingelegte Sardellenfilets
je 1 EL grüne und schwarze
Oliven (entsteint)
2–3 weiße Champignons

1   Für die Tomatensauce die Sauce, wie auf Seite 11 beschrieben, zubereiten. Dafür die Zwiebel schälen und in feine Würfel schneiden. Die Karotte schälen und in sehr kleine Würfel schneiden. Den Puderzucker in einem Topf karamellisieren und die Zwiebel darin andünsten. Die Karotte hinzufügen und mitdünsten. Das Tomatenmark unterrühren und etwas anrösten. Die passierten Tomaten und die Brühe dazugeben und die Sauce mindestens 1 Stunde köcheln lassen. Nach 40 Minuten Knoblauch, Lorbeerblatt, Pimentkörner und Nelke dazugeben. Die Tomatensauce durch ein Sieb streichen, etwas Zimt darüberreiben und mit je 1 Prise Muskatnuss, Oregano, Zucker und etwas Salz würzen.

2   Für den Teig die Hefe zerbröckeln und in 1/8 l lauwarmem Wasser auflösen. Mit dem Mehl, dem Olivenöl und 1 gestr. TL Salz mit den Händen oder in der Küchenmaschine zu einem glatten Teig verkneten. Den Hefeteig in einer Schüssel mit Frischhaltefolie bedeckt an einem warmen Ort 30 Minuten gehen lassen.

3   Den Backofen auf mindestens 250 °C vorheizen. Ein tiefes Backblech oder zwei kleine Pizzaformen mit etwas Öl einfetten. Den Teig auf der bemehlten Arbeitsfläche etwas größer als das Backblech ausrollen und das Blech damit auslegen. Die Tomatensauce daraufstreichen. Den Mozzarella in Scheiben schneiden und darauf verteilen. Mit 2 Prisen Oregano bestreuen und die Pizza im Ofen auf der untersten Schiene 15 bis 20 Minuten backen, bis der Boden hell gebräunt ist.

4   Die Chilischote längs halbieren, entkernen, waschen und in Streifen schneiden. Das Basilikum waschen und trocken schütteln, die Blätter abzupfen und die Stiele mit einem Messerrücken andrücken. Das Olivenöl in einer Pfanne leicht erwärmen, Chilischote, Vanilleschote, Zimt, Knoblauch und die Basilikumstiele hineingeben und im Öl ziehen lassen.

5   Die Tomaten waschen und in Scheiben schneiden, dabei die Stielansätze entfernen. Den Gorgonzola in Würfel und die Salami in Scheiben schneiden. Die Pizza aus dem Ofen nehmen, mit Tomaten, Gorgonzola, Salami, Kapern, Sardellen und Oliven belegen und nach Belieben nochmals 2 Minuten weiterbacken. Die Champignons putzen, trocken säubern und darüberhobeln. Die Pizza mit dem Gewürzöl beträufeln und mit den Basilikumblättern garnieren.

Das *Geheimnis* der knusprigen Pizza

» Die perfekte Pizza hat einen knusprigen Boden und einen saftigen Belag. Das gelingt, wenn sie im Backofen bei stärkster Hitze auf der unteren Schiene gebacken wird. Falls Sie einen Pizzastein haben, bereiten Sie die Pizza auf Backpapier vor und legen sie damit auf den heißen Stein. «

Die zerkrümelte frische Hefe in lauwarmem Wasser auflösen. Das Wasser darf nicht zu heiß sein – die Hefepilze sterben sonst ab.

Den Hefeteig zu einem geschmeidigen Teig kneten – er liebt die Wärme der Hände, mit der Küchenmaschine geht es aber auch.

Teig zugedeckt etwa 30 Minuten in der Wärme gehen lassen. Oder: Über Nacht im Kühlschrank ruhen lassen und direkt verwenden.

Zum Ausrollen möglichst wenig Mehl verwenden. Den Teig etwas größer als das Blech ausrollen, da er sich wieder zusammenzieht.

Pfefferrösti
mit Lachs und Blumenkohlremoulade

Zutaten für 4 Personen
Für die Remoulade:
150 g Blumenkohlröschen
Salz · 1 Lorbeerblatt
1 Splitter Zimtrinde
200 g Crème fraîche
2 EL Milch
Worcestershiresauce
1 hart gekochtes Ei
2 eingelegte Sardellenfilets
1 TL Kapern
1–2 EL Schnittlauchröllchen
5 TL schwarze Pfefferkörner
je 1 TL langer Pfeffer, Sichuanpfeffer, Kubebenpfeffer
und Pimentkörner
frisch geriebene Muskatnuss
1 Msp. abgeriebene unbehandelte
Zitronenschale

Für die Rösti:
300 g mehligkochende Kartoffeln
Salz · ganzer Kümmel
frisch geriebene Muskatnuss
ca. 5 EL braune Butter
(siehe S. 96)

Außerdem:
1 EL braune Butter
4 Wachteleier
12 Scheiben gebeizter Lachs

1 Für die Remoulade die Blumenkohlröschen in sehr kleine Röschen teilen und in einem Topf in kochendem Salzwasser mit dem Lorbeerblatt und Zimt fast weich garen. In ein Sieb abgießen, kalt abschrecken und gut abtropfen lassen.

2 Die Crème fraîche mit der Milch und etwas Worcestershiresauce glatt rühren. Das Ei pellen und die Sardellenfilets trocken tupfen. Ei und Sardellen mit den Kapern in feine Würfel schneiden. Alles mit den Schnittlauchröllchen unter die Crème fraîche rühren. Die schwarzen Pfefferkörner und die anderen Pfeffersorten mit den Pimentkörnern mischen und in eine Gewürzmühle füllen. Die Remoulade mit Salz, der Pfeffermischung aus der Mühle, Muskatnuss und Zitronenschale würzen. Die Blumenkohlröschen unterheben.

3 Für die Rösti die Kartoffeln waschen und in einem Topf in Salzwasser mit 1 Prise Kümmel etwa 8 Minuten garen. In ein Sieb abgießen, kalt abschrecken, möglichst heiß pellen und sofort auf der Gemüsereibe grob raspeln. Die Kartoffeln mit Salz, Muskatnuss und der Pfeffermischung aus der Mühle würzen.

4 In einer beschichteten Pfanne 1 bis 2 EL braune Butter erhitzen. Aus dem Kartoffelteig insgesamt 12 kleine Rösti backen. Dafür portionsweise etwas Kartoffelmasse nebeneinander in die Pfanne setzen, glatt streichen und bei milder Hitze etwa 3 Minuten braten. Dann wenden, falls nötig, noch etwas braune Butter dazugeben, und die Rösti etwa 3 Minuten weiterbraten. Die Rösti auf Küchenpapier abtropfen lassen und im auf 70 °C vorgeheizten Backofen warm halten.

5 Für die Spiegeleier die braune Butter in einer Pfanne erwärmen. Die Wachteleier mit einem Sägemesser vorsichtig in der Mitte anritzen, in die Pfanne gleiten lassen und in der Butter bei mittlerer Hitze zu Spiegeleiern braten.

6 Jeweils 3 Rösti auf vorgewärmte Teller legen, 3 gebeizte Lachsscheiben und je 1 Wachtelspiegelei darauf anrichten. Die Blumenkohlremoulade dazu servieren. Nach Belieben mit Schnittlauch garnieren und einen gemischten grünen Blattsalat, mariniert mit etwas Limettensaft und Olivenöl, dazu reichen.

Das *Geheimnis* des Röstibratens

» Rösti brate ich in einer beschichteten Pfanne, damit ich möglichst wenig Fett dazugeben muss. Ich bevorzuge braune Butter, Kokos- oder Palmfett. Wichtig ist auch die Brattemperatur: Mittlere Hitze ist ideal. Dabei braten die Rösti schön knusprig, ohne zu verbrennen. «

Das Kochwasser für die Kartoffeln großzügig salzen, das sorgt, ebenso wie die Kümmelsamen, für Aroma.

Die Kartoffeln möglichst heiß reiben, dann bleiben die Raspel besser aneinander kleben, und die Rösti lassen sich leicht formen.

Für die individuelle Pfefferwürze verschiedene Pfeffersorten mischen – aber ohne weißen Pfeffer, er ist zu dominant.

Die Rösti in einer beschichteten Pfanne braten. Entweder mit Öl oder mit brauner Butter – sie verleiht zusätzlich feines Nussaroma.

Bratwürstel
mit Apfel-Zimt-Kraut

Zutaten für 4 Personen

1 große Zwiebel
1 EL Puderzucker
100 ml Weißwein
800 g frisches Sauerkraut
(oder aus der Dose)
400 ml Gemüsebrühe
5 Wacholderbeeren
(leicht angedrückt)
5 schwarze Pfefferkörner
1 TL ganzer Kümmel
1 TL getrockneter Majoran
1 Lorbeerblatt
250 g Sahne
3 EL Apfelmus
milde Chiliflocken
1 Stück Zimtrinde
1 EL Öl
16 Nürnberger Rostbratwürste
1 rotschaliger Apfel
1 EL Butter
2 Splitter Zimtrinde
1/2 ausgekratzte Vanilleschote
1/2 TL Zucker

1 Für das Sauerkraut die Zwiebel schälen und in Streifen schneiden. Den Puderzucker in einem Topf bei milder Hitze karamellisieren und die Zwiebel darin andünsten. Mit dem Wein ablöschen und fast völlig einköcheln lassen. Das Sauerkraut hinzufügen, die Brühe dazugießen und alles bei milder Hitze etwa 45 Minuten schmoren.

2 Wacholderbeeren, Pfefferkörner, Kümmel und Majoran in einen Einwegteebeutel füllen und verschließen. Nach 30 Minuten Garzeit das Lorbeerblatt und das Gewürzsäckchen zum Sauerkraut geben. Die Gewürze nach Ende der Garzeit entfernen.

3 Die Sahne in einem Topf erhitzen. Das Apfelmus und 1 Prise Chiliflocken hinzufügen, etwas Zimt darüberreiben. Das Sauerkraut unterrühren und erhitzen.

4 Das Öl in einer Pfanne erhitzen und die Bratwürste darin rundum braun braten. Herausnehmen und auf Küchenpapier abtropfen lassen.

5 Den Apfel waschen, vierteln und das Kerngehäuse entfernen. Die Apfelviertel in Spalten schneiden. Die Butter in einer Pfanne erhitzen, die Zimtsplitter und die Vanilleschote dazugeben und die Apfelspalten darin auf beiden Seiten andünsten. Den Zucker darüberstreuen und leicht karamellisieren.

6 Das Apfel-Zimt-Kraut auf vorgewärmten Tellern anrichten und die Apfelspalten und die Bratwürste darauf verteilen. Nach Belieben mit jungen Lorbeerzweigen garnieren.

Das *Geheimnis* des perfekten Sauerkrauts

» Sauerkraut wird milder, wenn Sie es vor dem Garen in einem Sieb kurz mit lauwarmem Wasser abbrausen. Geben Sie die Gewürze in einem Einwegteebeutel dazu, dann können Sie sie leicht wieder entfernen. Die Aromen verteilen sich beim Kochen trotzdem gleichmäßig im Kraut. «

Sahne und Apfelmus machen Sauerkraut besonders saftig. Und Chiliflocken verleihen ihm eine feine Schärfe.

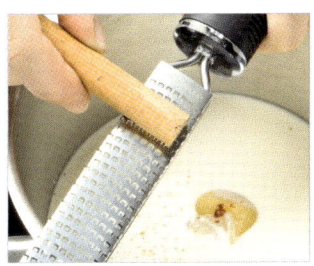

Den Zimt dazureiben und das Kraut unter die aromatisierte Sahne mischen – so bekommt es eine individuelle Würznote.

Die Apfelspalten bei schwacher Hitze mit den Gewürzen in der Butter dünsten: In der sanften Wärme werden sie aromatisiert.

Für eine zarte Karamellnote etwas Zucker über die gedünsteten Apfelspalten streuen und schmelzen lassen.

Gefüllte Mini-Paprika
auf Kürbis-Chili-Sauce

Zutaten für 4 Personen
Für die Paprika:
12 bunte Mini-Paprikaschoten
40 g Toastbrot · 50 ml Milch
1/2 kleine Zwiebel · 1 EL Öl
125 g Schweine- und
Kalbshackfleisch
1 Ei · 1 TL scharfer Senf
1 TL getrockneter Majoran
abgeriebene Schale von
1/4 unbehandelten Zitrone
1 Msp. gehackter Knoblauch
milde Chiliflocken
2–3 EL Petersilie
(frisch geschnitten)
frisch geriebene Muskatnuss
Salz · 1/4 l Hühnerbrühe

Für die Kürbis-Chili-Sauce:
400 g Muskatkürbis
(geschält etwa 300 g)
100 ml Gemüsebrühe
1 Lorbeerblatt · 1 Scheibe Ingwer
1 Gewürznelke
2 Knoblauchzehen (in Scheiben)
50 ml Kokosmilch · 50 g Sahne
1 TL gemahlene Kurkuma
1/2 TL Currypulver
mildes Chilisalz
1 Stück Zimtrinde
1 EL kalte Butter

Außerdem:
1 milde rote Chilischote · 1 TL Öl
1 Stück ausgekratzte
Vanilleschote
600 g festkochende Kartoffeln
1 l Gemüsebrühe
1 TL Paprikapulver (edelsüß)
1 EL Butter

1 Für die Paprika von den Mini-Schoten den Strunk wie einen Deckel abschneiden und die Kerne entfernen. Die Schoten waschen und trocken tupfen. Den Backofen auf 160 °C vorheizen.

2 Das Brot in Würfel schneiden und in einer Schüssel mit Milch begießen. Die Zwiebel schälen und in feine Würfel schneiden. Das Öl in einer Pfanne erhitzen und die Zwiebelwürfel darin bei milder Hitze andünsten.

3 Beide Hackfleischsorten mit dem eingeweichten Brot, den Zwiebelwürfeln, dem verquirlten Ei, dem Senf, dem Majoran, der Zitronenschale, dem Knoblauch, 1 Prise Chiliflocken, der Petersilie, etwas Muskatnuss und Salz mischen. Die Paprikaschoten mit der Hackfleischmischung füllen und die »Deckel« aufsetzen.

4 Die Brühe in einen Bräter oder eine große Auflaufform geben. Die Paprikaschoten dicht nebeneinander hineinsetzen und den Deckel auflegen oder mit Aluminiumfolie abdecken. Die gefüllten Paprika im Ofen auf der mittleren Schiene 1 1/4 bis 1 1/2 Stunden weich garen.

5 Für die Kürbis-Chili-Sauce den Kürbis schälen und die Kerne mit einem Löffel entfernen. Das Kürbisfleisch in kleine Würfel schneiden. Die Kürbiswürfel in der Brühe mit dem Lorbeerblatt, dem Ingwer, der Nelke und einigen Knoblauchscheiben zugedeckt weich garen. Anschließend den Kürbis in ein Sieb abgießen, dabei die Brühe auffangen. Den Kürbis mit etwa 30 ml Brühe wieder in den Topf geben. Die Kokosmilch, die Sahne, Kurkuma, Currypulver und Chilisalz hinzufügen und alles mit dem Stabmixer pürieren. Die Sauce erwärmen, etwas Zimt darüberreiben und 1 EL Butter darin schmelzen.

6 Die Chilischote längs halbieren, entkernen, waschen und in feine Streifen schneiden. Das Öl in einer Pfanne erhitzen und die Chilistreifen darin bei milder Hitze mit der Vanilleschote und den restlichen Knoblauchscheiben ziehen lassen.

7 Die Kartoffeln schälen, waschen und in etwa 1 cm dicke Scheiben schneiden. Die Brühe mit dem Paprikapulver in einem Topf erhitzen und die Kartoffelscheiben darin weich garen. Die Kartoffeln in ein Sieb abgießen und ausdampfen lassen. Die Butter in einer Pfanne erhitzen und die Kartoffelscheiben darin bei milder Hitze braten.

8 Die Kürbis-Chili-Sauce mit dem Stabmixer aufschäumen, auf vorgewärmte Teller verteilen und die Mini-Paprikaschoten daraufsetzen. Das Chili-Vanille-Öl und die Kartoffeln darum herum anrichten.

Das *Geheimnis* der Zubereitung

» Die Paprikaschoten stehen besser in der Form, wenn Sie
den Boden etwas flach schneiden. Die gefüllten Mini-Schoten brauchen
im Backofen erstaunlich lange, bis sie weich sind – rechnen Sie ruhig
mit bis zu 1½ Stunden Garzeit. «

Mini-Paprikaschoten sind besonders dekorativ. Sie können jedoch genauso gut große Paprikaschoten verwenden.

Die gefüllten Paprikaschoten mit aufgelegten Deckeln dicht nebeneinander in eine ofenfeste Form oder einen Bräter stellen.

Die Gewürze und die Gemüsebrühe verleihen einen würzigen Geschmack. Vor dem Pürieren werden die Gewürze entfernt.

Kürbis bindet nur sehr wenig – deshalb zum Pürieren zunächst nur wenig Brühe untermixen, damit die Sauce nicht zu flüssig wird.

Bauernomelett
mit Kartoffeln und Gemüse

Zutaten für 4 Personen
400 g festkochende Kartoffeln
Salz · 1 Zwiebel
100 g gekochter Hinterschinken
100 g grüner Spargel
je 1/2 gelbe und
orangefarbene Karotte
150 g Brokkoliröschen
1/2 kleine rote Paprikaschote
1 EL Öl · Pfeffer aus der Mühle
gemahlene Kurkuma
gemahlener Kümmel
getrockneter Majoran
gemahlener Koriander
frisch geriebene Muskatnuss
5 Eier · 150 ml Milch
Chiliflocken
1 Msp. abgeriebene
unbehandelte Zitronenschale

1 Die Kartoffeln schälen, waschen und in etwa 1/2 cm dicke Scheiben schneiden. Die Kartoffelscheiben in reichlich Salzwasser weich garen, in ein Sieb abgießen und ausdampfen lassen.

2 Die Zwiebel schälen und in feine Würfel schneiden. Den Schinken in kleine Würfel schneiden. Den Spargel waschen und nur im unteren Drittel schälen, die holzigen Enden entfernen. Die Stangen schräg in 2 cm lange Stücke schneiden. Die Karotten putzen, schälen und in Scheiben schneiden. Die Brokkoliröschen waschen. Spargel, Karotten und Brokkoli nacheinander in kochendem Salzwasser bissfest blanchieren, mit dem Schaumlöffel herausheben, kalt abschrecken und abtropfen lassen. Die Paprikahälfte entkernen, waschen und in kleine Würfel schneiden.

3 Den Backofen auf 160 °C vorheizen. Das Öl in einer ofenfesten, beschichteten Pfanne erhitzen und die Kartoffelscheiben mit den Zwiebelwürfeln darin bei mittlerer Hitze hell bräunen. Schinken, Spargel, Karotten, Brokkoli und Paprikaschote untermischen. Mit Salz, Pfeffer, je 1 Prise Kurkuma, Kümmel, Majoran, Koriander und Muskatnuss würzen.

4 Die Eier und die Milch in einer Schüssel mit dem Stabmixer verrühren. Mit Muskatnuss, Salz, Pfeffer, Chiliflocken und der Zitronenschale würzen und über das Gemüse in der Pfanne gießen. Das Omelett etwa 1/2 Minute auf dem Herd weiterbraten, dann im Ofen auf der mittleren Schiene etwa 20 Minuten garen.

5 Zum Anrichten das Bauernomelett auf eine Platte stürzen und in Stücke schneiden. Nach Belieben mit Rosmarin garnieren.

Das *Geheimnis* des Vorgarens

» Bei diesem Gericht müssen Spargel, Karotten und Brokkoli vorgegart werden, damit sie später zeitgleich mit dem Omelett gar sind. Man kann sie dämpfen oder in Salzwasser blanchieren. Beim schonenden Dämpfen bleiben mehr Vitamine im Gemüse erhalten als beim Kochen. «

Die Gemüsesorten haben unterschiedliche Garzeiten, deshalb werden sie nacheinander in Salzwasser blanchiert.

Milch macht das Omelett weicher. Durch das Aufschlagen mit dem Stabmixer verteilen sich die Gewürze gleichmäßig.

Gemüse in der Pfanne verteilen und die Eiermilch dazugießen. Die Pfanne noch kurz auf dem Herd lassen, bis das Ei stockt.

So bleibt nichts kleben: Eine beschichtete Pfanne verwenden und das Omelett nach dem Garen kurz stehen lassen.

Gebackenes pochiertes Ei
mit Spinatsalat

Zutaten für 4 Personen
Für das pochierte Ei:
ca. 8 EL Essig
2 Streifen unbehandelte
Zitronenschale
3 Scheiben Ingwer
2 Lorbeerblätter
1 frische rote Chilischote
5 sehr frische Eier
1 Zweig Thymian
Salz · Pfeffer aus der Mühle
1 TL Dijonsenf
frisch geriebene Muskatnuss
100 g Mehl
100 g Weißbrotbrösel
Öl zum Ausbacken

Für den Spinatsalat:
200 g Babyspinat
1 Handvoll Endiviensalat
1/8 l Gemüsebrühe
2 EL Weißweinessig
1 EL Sherry
1 EL weißer Portwein
1/2 TL scharfer Senf
je 1–2 EL Lein- und Arganöl
Salz · Pfeffer aus der Mühle
Zucker · 1 EL Öl
4 Scheiben Frühstücksspeck

1 Für das pochierte Ei in einem weiten Topf Wasser aufkochen. 1 Schuss Essig, die Zitronenschale, Ingwer, Lorbeerblätter und die Chilischote hineingeben. Je 1 EL Essig in vier kleine Schüsseln geben und je 1 Ei vorsichtig in jede Schüssel aufschlagen, die Eigelbe sollten ganz bleiben. Den Essig und die Eier nicht verrühren.

2 Den Topf mit dem siedenden Wasser vom Herd nehmen und mit einem Kochlöffel kreisförmig in eine Richtung rühren, bis es sich dreht. Jeweils 1 Ei in den »Wasserstrudel« gleiten lassen, das Eiweiß wickelt sich dabei um das Eigelb. Das Ei je nach Temperatur des Wassers 3 bis 4 Minuten pochieren, mit einem Schaumlöffel vorsichtig aus dem Wasser heben und kurz abtropfen lassen. Die restlichen 3 Eier ebenso pochieren und abtropfen lassen.

3 Den Thymian waschen, trocken schütteln und die Blättchen abzupfen. Das übrige Ei in eine kleine Schüssel aufschlagen und mit Salz, Pfeffer, Senf, Thymianblättchen und Muskatnuss verrühren.

4 Die pochierten abgetropften Eier vorsichtig zuerst im Mehl wenden, dann durch das gewürzten Ei ziehen und anschließend mit den Weißbrotbröseln panieren. In eine Pfanne 1 bis 2 cm hoch Öl geben und auf 160 bis 180 °C erhitzen. Die panierten Eier darin rundum goldbraun ausbacken. Herausnehmen und auf Küchenpapier abtropfen lassen.

5 Für den Spinatsalat den Spinat und den Endiviensalat putzen, verlesen waschen und trocken schleudern. Die Brühe mit Essig, Sherry, Portwein und Senf verrühren, das Lein- und Arganöl langsam unterschlagen. Mit Salz, Pfeffer und 1 Prise Zucker würzen.

6 Das Öl in einer Pfanne erhitzen und den Frühstücksspeck darin bei mittlerer Hitze auf beiden Seiten knusprig braten, auf Küchenpapier abtropfen lassen. Die Speckscheiben in Streifen schneiden. Die Spinatblätter und den Endiviensalat mischen und in der Marinade wenden.

7 Den Salat in tiefe Teller verteilen, den Speck darübergeben und je 1 gebackenes Ei darauf anrichten.

Das *Geheimnis* der schönen Form

> » Eier zum Pochieren sollten stets sehr frisch sein, damit sie beim Garen
> weitgehend kompakt bleiben. Der Essig im Kochwasser sorgt dafür, dass
> die Eier schneller stocken. Ein bisschen fransen sie beim Pochieren
> aus – deshalb am besten vor dem Panieren zuschneiden. «

Durch den »Strudel« im Garsud
dreht sich das aufgeschlagene Ei,
und das Eiweiß legt sich gleichmäßig um das Eigelb.

Pochierte Eier sind empfindlich.
Daher vorsichtig mit dem
Schaumlöffel – nicht mit einer
Gabel – aus dem Garsud heben.

Für extra Geschmack Thymian und
Gewürze ins verquirlte Ei rühren.
Die Brotbrösel schützen die Ge-
würze beim Braten vor der Hitze.

So viel Öl in die Pfanne geben,
dass die Eier etwa bis zur Hälfte
darin schwimmen – so werden sie
rundum gleichmäßig goldbraun.

Schuhbecks Gewürzspaghetti
mit Kalbsragout

Zutaten für 4 Personen
Für die Gewürzspaghetti:
500 g Spaghetti · Salz
6 Scheiben Ingwer
1 getrocknete rote Chilischote
6 EL mildes Olivenöl
1–2 frische rote Chilischoten
300 ml Hühnerbrühe
1 Knoblauchzehe (in Scheiben)
1/2 ausgekratzte Vanilleschote

Für das Kalbsragout:
1 Zwiebel
80 g Knollensellerie
1/2 Karotte
500 g Kalbfleisch
(aus Schulter oder Keule)
1 EL Öl
1–2 EL Tomatenmark
1 TL Puderzucker
150 ml Weißwein
1/2 l Hühnerbrühe
1 TL Wacholderbeeren
(angedrückt)
getrockneter Majoran
Korianderkörner
1 TL schwarze Pfefferkörner
1 Lorbeerblatt
1 Msp. abgeriebene
unbehandelte Zitronenschale
80 g Sahne · Salz

Außerdem:
frisch geriebener Parmesan
4 Zweige Thymian

1 Für die Gewürzspaghetti die Spaghetti in reichlich kochendem Salzwasser mit 4 Ingwerscheiben und der getrockneten Chilischote 3 Minuten kürzer garen, als auf der Packung angegeben ist. Die Nudeln in ein Sieb abgießen und kurz abtropfen lassen. Die Gewürze entfernen. Die Nudeln auf einem Backblech mit 3 EL Olivenöl mischen.

2 Für das Kalbsragout die Zwiebel, den Sellerie und die Karotte schälen und in 1/2 cm große Würfel schneiden. Das Kalbfleisch ebenfalls in etwa 1/2 cm große Würfel schneiden.

3 Das Öl in einem großen Topf erhitzen und die Fleischwürfel darin bei milder Hitze anbraten. Das Fleisch dabei zunächst nicht umrühren, sondern etwas braten lassen, bis es sich von selbst vom Topfboden löst. Die Gemüsewürfel mit dem Tomatenmark hinzufügen und den Puderzucker darüberstäuben. Alles kurz dünsten und mit dem Wein ablöschen. Die Brühe dazugießen und das Ragout knapp unter dem Siedepunkt etwa 45 Minuten mehr ziehen als köcheln lassen.

4 Die Wacholderbeeren in einer Pfanne leicht erwärmen. Dann mit je 1 Prise Majoran und Korianderkörnern sowie den Pfefferkörnern in einen Einwegteebeutel füllen und verschließen. Das Gewürzsäckchen nach 30 Minuten Garzeit mit dem Lorbeerblatt in das Ragout geben. Nach Ende der Garzeit die Gewürze wieder entfernen und die Zitronenschale und die Sahne dazugeben. Das Ragout mit Salz würzen und nach Belieben mit Speisestärke leicht binden.

5 Für die Gewürzspaghetti die frische Chilischote längs halbieren, entkernen und waschen. Mit der Brühe, dem Knoblauch, der Vanilleschote und dem restlichen Ingwer in einer tiefen Pfanne aufkochen. Die vorgegarten Spaghetti dazugeben und kochen lassen, bis die Flüssigkeit fast vollständig aufgenommen worden ist. Den Topf vom Herd nehmen und das restliche Olivenöl unter die Spaghetti mischen.

6 Die Gewürzspaghetti mit dem Ragout in vorgewärmten tiefen Tellern anrichten. Mit dem Parmesan bestreuen und dem Thymian garnieren.

Das *Geheimnis* des Nudelgarens

>> Ich koche Nudeln in gesalzenem Wasser mit etwas Ingwer und Chili vor. Grundsätzlich Nudeln nach dem Garen nie mit kaltem Wasser abschrecken, sondern nur abtropfen lassen und mit Öl vermischen, damit sie nicht zusammenkleben. «

Je intensiver die Brühe für das Nachgaren gewürzt ist, desto aromatischer wird das Nudel-gericht.

Je bissfester die Nudeln vorgegart sind, desto mehr Brühe braucht man hinterher, da die Nudeln noch viel Flüssigkeit aufsaugen.

Die vorgegarten Nudeln werden in der Gewürzbrühe fertig gegart und nehmen dabei die Flüssigkeit fast vollständig auf.

Beim Anrichten am besten einen kleinen Teller unter die Nudeln halten – so gibt es keine lästigen Tropfflecken auf dem Tellerrand.

Buntes Reisgröstl
mit Schweinefilet und Kräutersauce

Zutaten für 4 Personen
Für das Reisgröstl:

80 g schwarzer Reis
3/4 l Gemüsebrühe
160 g Langkornreis
1 TL gemahlene Kurkuma
1 TL Paprikapulver (edelsüß)
4 Frühlingszwiebeln
1/2 Bund grüner Spargel
1 Karotte
je 100 g Blumenkohl- und
Romanescoröschen
50 g kleine Champignons
2 Hähnchenbrustfilets (ohne Haut)
200 g Schweinefilet · 1 EL Öl
3 Knoblauchzehen (in Scheiben)
2 kleine Zimtrinden
1 ausgekratzte Vanilleschote
4 EL braune Butter (siehe S.96)
Salz · Pfeffer aus der Mühle
8 Riesengarnelen (küchenfertig)
1 rote Chilischote · 1 EL Butter
mildes Chilisalz
frisch geriebene Muskatnuss
1 Msp. abgeriebene unbehandelte
Orangenschale

Für die Kräutersauce:

1 TL Puderzucker
2 cl Noilly Prat (franz. Wermut)
1/8 l Weißwein
2–3 Scheiben Knoblauch
1 Lorbeerblatt
1/8 l Gemüsebrühe · 100 g Sahne
je 1 Handvoll Kerbel-, Estragon-
und Basilikumblätter · 2 EL Butter
1 Msp. abgeriebene unbehandelte
Zitronenschale
frisch geriebene Muskatnuss
Chilisalz

1 Für das Reisgröstl den schwarzen Reis in 200 ml Brühe knapp unter dem Siedepunkt garen. Die Hälfte des Langkornreises mit der Kurkuma in 200 ml Brühe, den Rest in 200 ml Brühe mit dem Paprikapulver garen.

2 Die Frühlingszwiebeln putzen und den Spargel im unteren Drittel schälen. Beides waschen und in etwa 1 1/2 cm lange Stücke schneiden. Die Karotte putzen, schälen, längs halbieren und schräg in 1/2 cm breite Streifen schneiden. Die Kohlröschen waschen, die Champignons putzen, trocken säubern und vierteln. Etwas Wasser in einem Topf zum Kochen bringen. Spargel, Karotten, Blumenkohl und Romanesco auf den Dämpfeinsatz legen und über dem heißen Dampf etwa 5 Minuten bissfest dämpfen. Die Frühlingszwiebeln nach 2 bis 3 Minuten dazugeben.

3 Die Hähnchenbrustfilets waschen, trocken tupfen und in 1 bis 2 cm breite Streifen schneiden. Das Schweinefilet in etwa 1 1/2 cm dicke Scheiben schneiden. Das Öl in einer Pfanne erhitzen und beide Fleischsorten darin bei mittlerer Hitze auf beiden Seiten kurz anbraten. Die Pfanne vom Herd nehmen, 3 bis 4 Scheiben Knoblauch, 1 Zimtrinde, 1/2 Vanilleschote dazugeben und 1 EL braune Butter zerlassen, mit Salz und Pfeffer würzen. Die Fleischstücke darin wenden und mit der braunen Butter und den Gewürzen auf einen vorgewärmten Teller legen. Den Bratensatz mit 50 ml Brühe ablöschen und beiseitestellen.

4 Für die Kräutersauce den Puderzucker in einem Topf bei mittlerer Hitze karamellisieren, mit Noilly Prat und Wein ablöschen und einkochen. Knoblauch und Lorbeerblatt dazugeben, Brühe, Bratensatz und Sahne dazugießen und einige Minuten einköcheln. Das Lorbeerblatt entfernen und die Sauce in den Rührbecher geben. Die gewaschenen Kräuterblätter klein schneiden. Mit der Butter, Zitronenschale, etwas Muskatnuss und Chilisalz zur Sauce geben. Alles mit dem Stabmixer pürieren.

5 Die Garnelen waschen, trocken tupfen und von der dicken Seite her bis zur Hälfte einschneiden. In einer Pfanne 1 EL braune Butter erhitzen. Garnelen darin bei milder Hitze 2 Minuten braten. 2 bis 3 Scheiben Knoblauch, übrige Vanilleschote, Chilischote und Butter dazugeben, etwas Zimt darüberreiben, mit Chilisalz würzen. Die Garnelen darin wenden.

6 Das gedämpfte Gemüse mit den Champignons und 3 bis 4 Scheiben Knoblauch in einer Pfanne in 1 EL brauner Butter bei milder Hitze wenden. Mit Salz, Pfeffer und Muskatnuss würzen. Restliche Brühe in einer Pfanne erhitzen, Orangenschale und Reis darin erwärmen. Übrige braune Butter dazugeben. Reis, Gemüse und Fleisch auf Teller anrichten. Mit der Kräutersauce beträufeln und je 2 Garnelen darauflegen.

Das *Geheimnis* des getrennten Garens

» Die Zutaten für dieses Gericht haben unterschiedliche Garzeiten und werden daher separat gekocht. Dadurch sind sie auf den Punkt gegart und behalten ihren Eigengeschmack. Erst zum Servieren werden Reis, Fleisch und Gemüse zusammen angerichtet. «

Spargel, Karotten, Romanesco und Blumenkohl garen gleich lang. Frühlingszwiebeln garen schneller, sie kommen erst später dazu.

Das gedämpfte Gemüse mit den Champignons bei milder Hitze in brauner Butter wenden.

Für den dekorativen »Schmetterlingsschnitt« die Garnelen von der dicken Seite her bis etwa zur Hälfte einschneiden.

Die Gewürze kommen nach dem Anbraten in die nicht mehr ganz so heiße Pfanne. Mit der Butter geben sie den feinen Aromakick.

Gefüllte Zucchiniblüten
mit Bergkäse und Champignonsalat

Zutaten für 4 Personen
Für die Zucchiniblüten:
125 g Laugen- oder Brezenstange
150 g Bergkäse (entrindet)
1 Zwiebel · Salz
1 Ei · 1/8 l Milch
1/2–1 EL Petersilie
(frisch geschnitten)
getrockneter Majoran
frisch geriebene Muskatnuss
je 1 TL Fenchelsamen, Korianderkörner und ganzer Kümmel
8 Zucchiniblüten mit Frucht (bzw.
mit Mini-Zucchini, das sind die
weiblichen Blüten)
Öl zum Frittieren

Für den Backteig:
75 ml gekühlter Weißwein
100 g Mehl
25 g Speisestärke
1 EL Olivenöl

Für den Champignonsalat:
200 g kleine weiße Champignons
je 1 EL Kerbel-, Basilikum- und
Petersilienblätter
(frisch geschnitten)
1 Schalotte
70 ml Gemüsebrühe
1–2 EL Essig
3 EL mildes Olivenöl
Salz · Zucker
milde Chiliflocken

1 Für die Zucchiniblüten von den Laugenstangen das Salz entfernen und die Stangen in kleine Würfel schneiden. Den Käse ebenfalls in kleine Würfel schneiden und mit den Laugenwürfeln in einer Schüssel mischen. Die Zwiebel schälen und in feine Würfel schneiden. In einem Topf in kochendem Salzwasser etwa 2 Minuten blanchieren, in ein Sieb abgießen und kalt abschrecken.

2 Das Ei mit der Milch verrühren und mit der Zwiebel, der Petersilie, je 1 Prise Majoran und Muskatnuss in die Schüssel geben. Alles vermischen, dabei aber nicht drücken. Fenchelsamen, Korianderkörner und Kümmel mischen, in eine Gewürzmühle füllen und die Knödelmasse damit würzen. Mit Salz abschmecken.

3 Von den Zucchiniblüten den Blütenstempel entfernen. Die Knödelmasse in einen Spritzbeutel mit großer Lochtülle füllen und die Blüten mit der Laugen-Käse-Masse füllen, die Enden vorsichtig verschließen.

4 Für den Backteig 120 ml kaltes Wasser und den Wein einige Minuten in das Tiefkühlfach stellen. Einen Topf bis zur Hälfte mit Öl füllen und dieses auf 160 °C erhitzen. Das Mehl mit der Speisestärke mischen und mit dem eiskalten Wasser und dem Wein verrühren, zum Schluss das Olivenöl untermischen. Die gefüllten Zucchiniblüten durch den Backteig ziehen (die Mini-Zucchini dabei nicht in den Teig tauchen) und im Öl 6 bis 8 Minuten knusprig frittieren. Herausnehmen und auf Küchenpapier abtropfen lassen.

5 Für den Champignonsalat die Champignons putzen, trocken säubern und in Scheiben schneiden. Die Pilzscheiben mit den Kräutern mischen. Die Schalotte schälen und in sehr feine Würfel schneiden. Die Brühe mit dem Essig, dem Olivenöl, etwas Salz, je 1 Prise Zucker und Chiliflocken mischen. Die Schalottenwürfel dazugeben. Die Champignons mit der Marinade mischen.

6 Den Champignonsalat auf kleine Schälchen verteilen und zu den gefüllten Zucchiniblüten auf Tellern anrichten.

Das *Geheimnis* des Backteigs

» Die gefüllten Zucchiniblüten haben eine relativ lange Garzeit. Als schützende Hülle ist ein Teig ohne Eigelb perfekt geeignet, da er nur langsam bräunt und nicht verbrennt. Er wird wunderbar knusprig und ist ein raffinierter Kontrast zu der weichen Füllung. «

Die Blütenstempel sehr vorsichtig herausdrehen, damit die Blüten nicht einreißen.

Die Laugenfüllung lässt sich mit dem Spritzbeutel mit großer Lochtülle ganz leicht in die Blüten spritzen.

Achtung! Die Füllung in den Blüten bringt zusätzliches Gewicht – die Blüten können beim Eintauchen in den Teig leicht abbrechen.

Die Temperatur des Frittieröls ist mit 160 °C relativ niedrig. So kann die Füllung innen durchgaren und der Teigmantel verbrennt nicht.

Käsetarte
mit Gurkensauce

Zutaten für 4 Personen
Für den Mürbeteig:
200 g Mehl
50 g gemahlene Mandeln
1 TL gesiebtes Backpulver
1 gestr. TL Salz
frisch geriebene Muskatnuss
80 g kalte Butter
1 Ei · 5 EL Weißwein

Für die Füllung:
je 75 g Bergkäse oder halbfester,
würziger Schnittkäse und
kräftiger Blauschimmelkäse
(am Stück)
100 ml Milch · 100 g Sahne
1 Ei · Eigelb
Salz · Pfeffer aus der Mühle
mildes Chilipulver
frisch geriebene Muskatnuss

Für die Gurkensauce:
1 große Salatgurke (300 g)
100 g saure Sahne
100 g Crème fraîche
1 EL Milch
Chiliflocken
Salz · Pfeffer aus der Mühle
je 1 Msp. abgeriebene
unbehandelte Zitronen- und
Orangenschale

Außerdem:
Butter für die Form
Mehl zum Ausrollen
getrocknete Hülsenfrüchte
zum Blindbacken
1 Eiweiß zum Bestreichen

1 Für den Mürbeteig alle Zutaten rasch zu einem glatten Teig verkneten und zu einem flachen Ziegel formen. Den Teig in Frischhaltefolie wickeln und mindestens 30 Minuten kühl stellen.

2 Eine Tarteform (28 cm Durchmesser) mit Butter einfetten. Den Teig auf der bemehlten Arbeitsfläche dünn ausrollen und die Form damit auslegen. Den Teigboden mit einer Gabel mehrmals einstechen und nochmals 30 Minuten kühl stellen.

3 Den Backofen auf 200 °C vorheizen. Den Teig mit Backpapier belegen, mit Hülsenfrüchten auffüllen und im Ofen auf der mittleren Schiene 10 Minuten blindbacken. Das Backpapier mit den Hülsenfrüchten entfernen und den Teigboden weitere 15 Minuten backen. Mit etwas Eiweiß bestreichen und 1 bis 2 Minuten weiterbacken.

4 Für die Füllung den Bergkäse grob reiben, den Blauschimmelkäse zerbröckeln. Beide Käsesorten gleichmäßig in der Form verteilen.

5 Die Milch mit der Sahne, dem Ei und dem Eigelb mit dem Stabmixer verrühren, mit 1 kleinen Prise Salz, Pfeffer, 1 Prise Chilipulver und Muskatnuss würzen. Die Eiermasse nochmals kräftig aufschäumen und auf dem Käse verteilen. Die Tarte im Ofen auf der untersten Schiene etwa 30 Minuten goldbraun backen. Herausnehmen und abkühlen lassen.

6 Für die Gurkensauce die Gurke schälen, dritteln, jeweils auf die Schnittfläche stellen. Das Gurkenfleisch rundum in dünnen Scheiben bis zu den Kernen herunterschneiden. Anschließend das Gurkenfleisch in kleine Würfel schneiden.

7 Die saure Sahne mit der Crème fraîche und der Milch in einen Rührbecher geben. Ein Drittel Gurkenwürfel, die Chiliflocken, etwas Salz, Pfeffer, die Zitronen- und Orangenschale hinzufügen und mit dem Stabmixer pürieren. Die restlichen Gurkenwürfel unterrühren.

8 Die Käsetarte in Stücke schneiden und mit der Gurkensauce auf Tellern anrichten.

Das *Geheimnis* des Blindbackens

» Mürbeteig, ob pikant oder süß, wird schön knusprig, wenn man ihn vorbäckt. Damit er sich dabei nicht zusammenzieht und der Rand nicht abrutscht, wird er in der Form mit Backpapier belegt und mit getrockneten Hülsenfrüchten gefüllt. «

Die mit Butter eingefettete Tarteform mit dem Teig auslegen und den Rand nach Belieben mit den Fingerspitzen modellieren.

Damit der Teigboden gleichmäßig bäckt, mit einer Gabel mehrmals einstechen. Die Form eventuell noch 30 Minuten kühl stellen.

Den mit Backpapier ausgelegten Teig bis obenhin mit getrockneten Hülsenfrüchten befüllen. So bekommt der Rand Halt.

Der Boden wird nach dem Vorbacken mit Eiweiß bestrichen und kurz weitergebacken, damit er später nicht durchweicht.

Käsefondue
von Greyerzer und Fontina

Zutaten für 4 Personen
400 g Greyerzer (am Stück)
300 g Fontina (am Stück)
3 EL Speisestärke
200 ml Weißwein
150 ml Gemüsebrühe
4 cl Kirschwasser
1 Knoblauchzehe (in Scheiben)
rot-grünes Chilisalz mit Vanille
je 1 TL schwarze Pfefferkörner,
ganzer Kümmel, Fenchelsamen,
getrockneter Ingwer, Zimtsplitter
und Korianderkörner

1 Beide Käsesorten in kleine Würfel schneiden oder auf der Gemüsereibe grob raspeln.

2 Die Speisestärke mit etwas Wein glatt rühren. Die Brühe und den restlichen Wein in einem Fonduetopf erwärmen. Den geraspelten Käse und die angerührte Speisestärke dazugeben und den Käse unter Rühren 15 bis 20 Minuten langsam schmelzen lassen.

3 Das Kirschwasser und den Knoblauch hinzufügen und alles mit rot-grünem Chilisalz würzen. Die übrigen ganzen Gewürze mischen, in eine Gewürzmühle füllen und den Käse damit würzen.

4 Das Fondue auf den Tisch stellen und dunkles Bauernbrot, Nussbrot und Weißbrot dazu reichen. Zu dem Käsefondue können Sie außerdem gekochte und in Würfel geschnittene Kartoffeln servieren, kernlose Weintrauben, Birnen- und Apfelschnitze sowie Ananasstücke. Ein besonderer Leckerbissen sind in rohen Schinken gewickelte Datteln, ebenso wie Leberkäsewürfel.

Das *Geheimnis* der Cremigkeit

» Emmentaler und Appenzeller sind klassische Käsesorten für das Käsefondue. Ich verwende gerne Greyerzer und Fontina. Damit die Masse nicht
gerinnt, ist es wichtig, dass der Käse bei milder Hitze schmilzt und dabei
ständig gerührt wird. Die Speisestärke sorgt für Bindung. «

Den zerkleinerten Käse mit
der angerührten Speisestärke
in die heiße Weißwein-Brühe-
Mischung geben.

Den Käse bei milder Hitze ständig
rühren, bis er sich aufgelöst hat
und die Masse zu binden beginnt.

Nach 15 bis 20 Minuten haben
sich der Käse und die Weißwein-
Brühe-Mischung zu einer homo-
genen Käsesauce verbunden.

Zum Schluss werden das Kirschwasser, der Knoblauch und die
anderen Gewürze hinzugefügt.

Spiegelei und Rührei
mit Schnittlauch

Zutaten für je 1 Person
Für das Spiegelei:
1 TL braune Butter (siehe S. 96)
Salz · Pfeffer aus der Mühle
1 Ei
frisch geriebene Muskatnuss
1/2 EL Schnittlauchröllchen

Für das Rührei:
1 TL braune Butter
2 Eier
mildes Chilisalz
Pfeffer aus der Mühle
1 EL Schnittlauch
(grob geschnitten)

1 Für das Spiegelei die braune Butter in einer beschichteten Pfanne erhitzen. Mit Salz und Pfeffer würzen. Das Ei aufschlagen und vorsichtig in die Pfanne gleiten lassen, das Eigelb dabei nicht zerstören.

2 Das Ei bei mittlerer Hitze ganz langsam stocken lassen, die Unterseite soll nicht bräunen. Das Spiegelei mit Muskatnuss würzen und den Schnittlauch darüberstreuen.

3 Für das Rührei die braune Butter in einer beschichteten Pfanne erhitzen. Die Eier aufschlagen, in die Butter geben und bei mittlerer Hitze erst einmal etwas stocken lassen, bevor gerührt wird.

4 Die Eier mit dem Teigschaber vorsichtig in der Pfanne verrühren. Wenn das Eiweiß fast gestockt ist, die Pfanne vom Herd nehmen, die Eier mit Chilisalz und Pfeffer würzen und nochmals verrühren. Den Schnittlauch darüberstreuen.

Das *Geheimnis* des Bratens und Salzens

» Die meisten Eiergerichte bereite ich in einer beschichteten Pfanne und bei milder Hitze zu. Beim Braten von Spiegeleiern salze ich nur die Butter, in der die Eier gegart werden. Da Salz Wasser entzieht, würden die Eigelbe sonst unschöne dunkelorange Verfärbungen bekommen. «

Spiegelei: Die Butter in einer beschichteten Pfanne erhitzen und würzen. 1 Ei aufschlagen und vorsichtig hineingleiten lassen.

Das Ei bei milder Hitze ganz langsam stocken lassen, die Unterseite soll nicht bräunen.

Rühreier: 2 Eier in Butter leicht stocken lassen, dann mit einem Teigschaber verrühren.

Wenn das Eiweiß fast gestockt ist, die Pfanne vom Herd nehmen, die Eier würzen und nochmals verrühren.

Salate

Küchengeheimnis Öle & Salatsaucen

Für eine klassische Vinaigrette wird ein Teil Weinessig mit zwei bis drei Teilen mildem Salatöl verrührt, nach Belieben gibt man Schalottenwürfel dazu. Häufig kommt auch scharfer Senf in die Vinaigrette; er verleiht der Sauce nicht nur Geschmack, sondern auch Bindung. Ein Teil des Öls kann durch fettfreie Hühner- oder Gemüsebrühe ersetzt werden. Die Brühe wird mit Essig, scharfem Senf und etwas Öl gemixt. Diese Sauce kann man mehrere Tage im Kühlschrank aufbewahren, da sie weder rohes Eigelb noch Zwiebeln enthält. French Dressing erhält seine Bindung durch Eigelb und Senf, wird zunächst ähnlich wie Mayonnaise zubereitet und dann mit Brühe in die richtige Konsistenz gebracht. Dieses Dressing ist äußerst vielseitig, sollte aber noch am gleichen Tag verbraucht werden. Wegen seiner Sämigkeit eignet es sich gut für festere Salate wie Eissalat und Radicchio.

Kleine Ölkunde

Da Öle für Salatsaucen nicht erhitzt werden, behalten sie ihren Geschmack und ihre Qualität. Deshalb empfehle ich, für Salatsaucen hochwertige und kalt gepresste Ölsorten zu verwenden. Als Basisöl kann ein mildes Rapsöl (4), Olivenöl (5) oder Sonnenblumenöl dienen, das durch die Zugabe von z. B. 1 EL Arganöl (1) aromatisiert wird.

Leinöl (2) passt besonders gut in Dressings mit Joghurt und Co. Das in Farbe und Geschmack kräftige Kürbiskernöl wird meist erst beim Anrichten über marinierten Salat geträufelt. Auch Traubenkernöl (3) eignet sich wegen seines kräftigen Geschmacks zum Mischen mit neutralen Ölen. Öle halten sich am besten kühl und dunkel gelagert.

Klassische Vinaigrette (Grundrezept)

8 EL Weißweinessig in eine Schüssel geben und mit Salz, Pfeffer und Zucker würzen.

200 ml mildes Salatöl in dünnem Strahl dazugießen und mit einem feinmaschigen Schneebesen gut unterrühren.

Nach Belieben 1 Schalotte schälen, in sehr feine Würfel schneiden und mit 1 TL Dijonsenf unter die Vinaigrette rühren.

Asia-Dressing (Grundrezept)

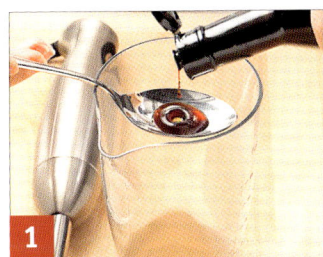

6 EL Apfelsaft, 2 EL Limettensaft und 1 bis 2 EL helle Sojasauce in einen hohen Rührbecher geben.

3 EL mildes Salatöl und 1 EL Sesamöl mit dem Stabmixer unterrühren.

Das Dressing mit 1 EL Sesampaste und 1 Msp. abgeriebener unbehandelter Limettenschale würzen.

French Dressing (Grundrezept)

1 sehr frisches Eigelb und 1/2 TL scharfen Senf in einen hohen Rührbecher geben. 100 ml lauwarme Gemüsebrühe hinzufügen.

150 ml mildes Salatöl in einem dünnen Strahl dazugießen und untermixen.

1/2 Knoblauchzehe dazureiben und alle Zutaten mixen. Dressing mit Salz, Pfeffer, 1 bis 2 EL Weißweinessig und 1 Msp. geriebenem Ingwer würzen.

Küchengeheimnis Reis

Reis ist eine der wichtigsten Nutzpflanzen der Erde. Für mehr als die Hälfte der Weltbevölkerung stellt er das Hauptnahrungsmittel dar. In manchen asiatischen Sprachen sind die Wörter für Reis und Essen sogar identisch. Die etwa 8000 Sorten Reis lassen sich nach den Körnertypen in zwei große Hauptgruppen unterteilen: Lang- und Rundkornreis. Zum Langkornreis zählen Basmati-, Duft- und Patnareis. Diese Sorten kochen eher körnig und können entweder in Salzwasser gegart, gedämpft oder als Pilaw-Reis gedünstet werden. Zum Rundkornreis gehören außer Risottoreis auch Paellareis und Milchreis. Die bekanntesten Risottoreissorten sind Arborio, Carnaroli und Vialone nano. Langkornreis nimmt je nach Sorte und Zubereitung ungefähr das Zweieinhalbfache seines Eigengewichts an Flüssigkeit auf, Rundkornreis etwa das Dreifache.

Reis in Wasser kochen

1 In einem Topf 1 ½ l Wasser mit Salz zum Kochen bringen. 200 g Langkornreis dazugeben.

2 Einige Scheiben Ingwer und grüne Kardamomkapseln dazugeben.

3 Das Wasser wieder aufkochen, dann die Hitze reduzieren und den Reis offen bei milder Hitze etwa 18 Minuten garen.

4 Den Reis in ein Sieb abgießen und gut abtropfen lassen. Sofort servieren oder je nach Rezept weiterverarbeiten.

Unabhängig von Reissorte und Garmethode nimmt Reis während des Kochens nur Geschmack an, wenn die Garflüssigkeit bereits gewürzt ist. Das Kochwasser wird dafür so viel gesalzen, dass es leicht nach Salz schmeckt. Zusätzlich können Gewürze wie Lorbeerblatt und Chilischote, Ingwer und Kardamom oder eine mit Lorbeer und Gewürznelken gespickte Zwiebel zum Aromatisieren ins Kochwasser gegeben werden. Bei der Pilaw-Methode und zur Herstellung von Risotto kann man als Basisflüssigkeit eine aromatische Brühe verwenden, die ebenfalls mit verschiedenen Gewürzen oder einer raffinierten Teemischung verfeinert werden kann. Wird Kurkuma oder Paprikapulver hinzugefügt, bekommt man gelben oder orangefarbenen Reis.

Reis nach der Pilaw-Methode garen

½ l Hühnerbrühe aufkochen und einen Früchteteebeutel (z. B. Oasentee) einlegen. 1 TL gemahlene Kurkuma dazugeben (siehe Rezept S. 64).

200 g Langkornreis dazugeben. Den Reis knapp unter dem Siedepunkt etwa 18 Minuten gar ziehen lassen, bis er die Flüssigkeit aufgenommen hat.

Der fertig gegarte Reis ist körnig und hat eine goldgelbe Farbe.

Risotto zubereiten

1 kleine Zwiebel schälen und in feine Würfel schneiden. In einem Topf in 1 EL Olivenöl andünsten.

300 g Risottoreis dazugeben und unter Rühren 1 bis 2 Minuten mitdünsten, bis die Reiskörner rundum glasig sind.

Den Reis mit 60 ml Weißwein ablöschen und die Flüssigkeit vollständig einkochen lassen.

Den Risotto mit etwas heißer Gemüsebrühe aufgießen und diese unter gelegentlichem Rühren bei milder Hitze einköcheln lassen.

1 Lorbeerblatt dazugeben. Immer wieder Brühe dazugießen und einköcheln lassen, bis der Reis nach 15 bis 20 Minuten gar und cremig ist. Insgesamt etwa ¾ bis 1 l Brühe dazugießen.

Den Topf vom Herd nehmen, 2 EL frisch geriebenen Parmesan und 1 kleines Stück Butter zum Risotto geben und mit dem Kochlöffel unterrühren.

Tomaten-Mozzarella-Salat
mit gebratenen Avocadospalten

Zutaten für 4 Personen

1 Schalotte
1 TL Puderzucker
4 EL Weißweinessig
2 cl weißer Portwein
1 Zweig Rosmarin
1 Knoblauchzehe
5 EL Hühnerbrühe
6 EL mildes Olivenöl
1/2 ausgekratzte Vanilleschote
3 Streifen unbehandelte Zitronenschale
2 Streifen unbehandelte Orangenschale
Salz · Pfeffer aus der Mühle
4 Tomaten
500 g Mozzarella
1 große feste, reife Avocado
5 EL Weißbrotbrösel
2 EL Olivenöl
4 Scheiben Weiß- oder Toastbrot
einige Blätter Basilikum

1 Für die Marinade die Schalotte schälen und in feine Würfel schneiden. Den Puderzucker in einem Topf karamellisieren und mit Essig und Portwein ablöschen. Die Schalottenwürfel hinzufügen. Den Rosmarin waschen und trocken schütteln. Knoblauch schälen und in Scheiben schneiden. Die Brühe mit dem Olivenöl in den Topf geben. Rosmarin, Knoblauch – bis auf 2 Scheiben – Vanilleschote, Zitronen- und Orangenschale ebenfalls hinzufügen und einige Minuten darin ziehen lassen. Die Marinade mit Salz und Pfeffer würzen, durch ein Sieb in eine Schüssel gießen und abkühlen lassen.

2 Die Tomaten waschen und in Scheiben schneiden, dabei die Stielansätze entfernen. Den Mozzarella abtropfen lassen und ebenfalls in Scheiben schneiden. Beides abwechselnd dachziegelartig auf Tellern anrichten. Mit der Marinade beträufeln.

3 Die Avocado halbieren und den Kern entfernen. Die Avocadohälften schälen und in Spalten schneiden, salzen und in den Weißbrotbröseln wenden. In einer Pfanne 1 EL Olivenöl erhitzen und die Avocadospalten darin bei mittlerer Hitze auf beiden Seiten goldbraun braten. Herausnehmen und auf Küchenpapier abtropfen lassen.

4 Das Weißbrot in etwa 1 cm große Würfel schneiden. Das restliche Olivenöl in der Pfanne erhitzen und die Brotwürfel darin bei mittlerer Hitze mit den übrigen Knoblauchscheiben leicht rösten, mit Salz würzen.

5 Die Avocadospalten auf dem Tomaten-Mozzarella-Salat anrichten. Mit den Croûtons bestreuen und mit den Basilikumblättern garnieren.

Das *Geheimnis* der Avocado

» Avocados schmecken nur, wenn sie wirklich reif sind. Das erkennt man, indem man die Frucht leicht andrückt – reife Avocados geben etwas nach. Zu weiche Früchte sind zum Braten nicht geeignet, ich verwende sie z. B. für Dips. Unreife Avocados reifen bei Zimmertemperatur gut nach. «

Den Avocadokern mit einem Messer oder einem Löffel aus der ungeschälten Fruchthälfte hebeln.

Dickschalige Avocados am besten mit einem kleinen Messer schälen. Dünnschalige Früchte gegebenenfalls mit einem Sparschäler.

Die Avocadospalten sofort salzen und rasch weiterverarbeiten, damit sie ihre frische Farbe behalten.

Die Avocadospalten nicht zu lange braten, da sie sonst zu weich werden und einen leicht bitteren Geschmack annehmen.

Blaukrautsalat
mit gebratener Entenleber

Zutaten für 4 Personen
Für den Salat:
600 g Rotkohl (Blaukraut)
je 1 TL Salz und Zucker
1 TL Puderzucker
200 ml Rotwein
5 EL roter Portwein
1–2 EL Cassislikör
(schw. Johannisbeerlikör)
1–2 EL Aceto balsamico
4 EL mildes Salatöl
Pfeffer aus der Mühle

Für die Entenleber:
350 g Entenlebern (ersatzweise
Gänse- oder Geflügellebern)
1 EL braune Butter
(siehe S. 96)
getrockneter Majoran
4 cl Sherry (medium dry)
5 EL frisch gepresster
Orangensaft
Salz · Pfeffer aus der Mühle

Außerdem:
1/4 Granatapfel
4 Feigen
1 EL Kapernäpfel
1–2 EL Walnusskerne

1 Für den Salat den Rotkohl putzen, die äußeren Blätter entfernen und den Strunk herausschneiden. Den Kohl in feine Streifen schneiden oder hobeln und in einer Schüssel mit dem Salz und dem Zucker verkneten.

2 Den Puderzucker in einem Topf bei mittlerer Hitze karamellisieren, mit Rotwein, Portwein und Cassislikör ablöschen und auf ein Fünftel einköcheln lassen. Die Rotwein-Portwein-Reduktion unter den Kohl mischen und etwa 30 Minuten ziehen lassen.

3 Dann den Essig und das Öl dazugeben und den Salat mit Pfeffer würzen. Falls nötig, nochmals mit Salz und Zucker abschmecken.

4 Für die Entenleber die Lebern häuten und putzen. Die braune Butter in einer Pfanne erhitzen und die Lebern darin bei mittlerer Hitze auf beiden Seiten 2 bis 3 Minuten rosa braten. Mit 1 Prise Majoran bestreuen und mit Sherry und Orangensaft ablöschen. Die Pfanne vom Herd nehmen und die Lebern in der Resthitze noch kurz ziehen lassen, mit Salz und Pfeffer würzen.

5 Den Granatapfel mit der Schnittfläche nach unten über eine kleine Schüssel halten, mit einem Kochlöffel daraufklopfen und so die Kerne herauslösen (siehe Seite 65). Die Feigen schälen und vierteln. Die Kapernäpfel halbieren. Den Blaukrautsalat auf Tellern anrichten, die gebratenen Entenlebern darauf verteilen und mit Granatapfelkernen, Feigen, Kapernäpfeln und Walnüssen garnieren.

Das *Geheimnis* der satten Farbe

» Roh gehobeltes Blaukraut verliert durch die Zugabe von Essig
schnell seine schöne dunkelrote Farbe. Daher mariniere ich das
Kraut stattdessen mit einer speziellen Rotwein-Portwein-Reduktion.
Das intensiviert seine Farbe. «

Das Verkneten mit Salz und Zucker macht das Blaukraut zarter
und bringt bereits Geschmack.

Puderzucker in einen kalten Topf
stäuben und langsam karamellisieren, dabei nicht rühren – sonst
klebt der Karamell am Löffel.

Beim Karamellisieren verliert
Zucker etwas Süße, dennoch
mildert er die Säure vom Rotwein ab.

Die Rotwein-Portwein-Reduktion
bringt konzentrierten Geschmack
ins Kraut, daher das Kraut mindestens 30 Minuten ziehen lassen.

Rindfleischsalat
mit Kürbiskernen

Zutaten für 4 Personen

1 Rezept Vinaigrette
(siehe S. 49)
4 EL Kürbiskernöl
1 TL Schnittlauchröllchen
1 TL Kerbel (frisch geschnitten)
8 Wachteleier · 8 Radieschen
2 EL Kürbiskerne
1 Handvoll Friséesalat
600 g gekochtes Rindfleisch
(in dünnen Scheiben)
Salz · Pfeffer aus der Mühle

1 Die Vinaigrette nach dem Rezept auf Seite 49 mit 160 ml Öl (statt 200 ml Öl) und mit der Schalotte zubereiten. Das Kürbiskernöl zuletzt erst tröpfchenweise, dann zügiger unter kräftigem Rühren hinzufügen. Den Schnittlauch und den Kerbel untermischen.

2 Die Wachteleier in Wasser knapp 3 Minuten weich kochen, kalt abschrecken, pellen und halbieren. Die Radieschen putzen, waschen und längs vierteln. Die Kürbiskerne in einer unbeschichteten Pfanne ohne Fett anrösten. Die Salatblätter waschen und trocken tupfen.

3 Die Rindfleischscheiben auf Tellern anrichten, mit Salz und Pfeffer würzen und mit der Vinaigrette beträufeln. Die Wachteleier und die Radieschen darauf anrichten. Mit dem Friséesalat und den gerösteten Kürbiskernen garnieren.

Lachscarpaccio
mit Asia-Dressing

Zutaten für 4 Personen

1 Rezept Asia-Dressing
(siehe S. 49)
Chilisalz
350 g sehr frisches Lachsfilet
(küchenfertig)
1 EL Olivenöl für die Folie
1 kleiner Apfel
2 EL eingelegter Ingwer
(aus dem Asienladen oder
selbst gemacht, siehe S. 122)

1 Das Asia-Dressing nach dem Rezept auf Seite 49 zubereiten und mit Chilisalz würzen.

2 Den Lachs in dünne Scheiben schneiden und zwischen zwei Lagen geölter Frischhaltefolie dünn klopfen. Die Lachsscheiben leicht überlappend auf Tellern auslegen und mit dem Dressing marinieren.

3 Den Apfel waschen, vierteln und das Kerngehäuse entfernen. Die Apfelviertel in kleine Würfel schneiden. Die Apfelwürfel mit dem eingelegten Ingwer auf dem Lachs verteilen. Das Lachscarpaccio nach Belieben mit Korianderblättern garnieren.

Das *Geheimnis* der Zartheit

» Ich klopfe die Lachsscheiben zwischen zwei Bogen Frischhaltefolie möglichst dünn. Die Folie unbedingt vorher mit Öl einfetten, damit die empfindlichen Lachsscheiben beim Klopfen und beim Abziehen nicht reißen. Je dünner die Scheiben, desto zarter sind sie. «

Das Kürbiskernöl mit dem Schneebesen in die Vinaigrette rühren.

Die Kürbiskerne ohne Fett in einer unbeschichteten Pfanne rösten. Dadurch werden sie besonders knusprig und nussig.

Das Messer beim Schneiden schräg führen, so erhält man größere und besonders schöne Scheiben.

Lachsscheiben zwischen zwei Lagen geölter Folie mit einem glatten Klopfer zu hauchdünnen Scheiben plattieren.

Caesar Salad
mit French Dressing

Zutaten für 4 Personen

1 Rezept French Dressing
(siehe S. 49)
3 EL geriebener Parmesan
2–3 eingelegte Sardellenfilets
4 Hähnchenbrustfilets
(ohne Haut)
je 1 TL Anissamen, Zimtsplitter
und schwarze Pfefferkörner
1 EL Öl
1 Stück ausgekratzte Vanilleschote · 1 kleine Zimtrinde
2 Knoblauchzehen (in Scheiben)
Salz · 80 g Weiß- oder Toastbrot
1–2 EL braune Butter (siehe S. 96)
250 g Romanasalat
200 g gelbe und rote Cocktailtomaten

1 Das French Dressing nach dem Rezept auf Seite 49 zubereiten. Gut 1 EL Parmesan und die Sardellen hinzufügen, mit dem Stabmixer unterrühren und alles aufschäumen.

2 Die Hähnchenbrustfilets waschen, trocken tupfen und in etwa 1 1/2 cm breite Streifen schneiden. Anissamen, Zimtsplitter und Pfefferkörner mischen und in eine Gewürzmühle füllen. Das Öl in einer Pfanne erhitzen und die Filetstreifen darin bei mittlerer Hitze rundum anbraten. Die Pfanne vom Herd nehmen und die Vanilleschote, die Zimtrinde und 3 bis 4 Scheiben Knoblauch hinzufügen. Das Fleisch mit Salz und der Pfeffer-Gewürz-Mischung aus der Mühle würzen.

3 Das Brot in Würfel schneiden und mit dem restlichen Knoblauch in einer Pfanne in der braunen Butter goldbraun braten. Herausnehmen und auf Küchenpapier abtropfen lassen.

4 Den Romanasalat putzen, waschen und trocken schleudern. Die Tomaten waschen und vierteln. Den Salat mit dem Dressing mischen und auf Schüsseln verteilen. Hähnchenstreifen, Croûtons und Cocktailtomaten darauf anrichten und mit dem restlichen Parmesan bestreuen.

Eiersalat
mit French Dressing

Zutaten für 4 Personen

1 Rezept French Dressing
(siehe S. 49)
Zucker
6 Eier
1 EL Öl
4 Scheiben Frühstücksspeck
2 Kästchen Gartenkresse
1 Handvoll gemischte Sprossen
(z. B. Alfalfa, Mungbohnen-
sprossen)

1 Das French Dressing nach dem Rezept auf Seite 49 zubereiten und zusätzlich mit 1 Prise Zucker würzen.

2 Die Eier in Wasser 10 Minuten hart kochen, kalt abschrecken, pellen und vierteln. Das Öl in einer Pfanne erhitzen und den Frühstücksspeck darin bei mittlerer Hitze auf beiden Seiten langsam knusprig braten. Auf Küchenpapier abtropfen lassen und in Streifen schneiden.

3 Die Kresse abschneiden, auf einem Sieb abbrausen und trocken tupfen. Die Sprossen auf einem Sieb abbrausen und abtropfen lassen. Das Dressing in tiefe Teller geben, die Kresse mit den Sprossen mischen und in die Mitte setzen. Die Eierviertel darum herumlegen und alles mit dem Speck bestreuen.

Das *Geheimnis* der knusprigen Croûtons

» Croûtons schmecken frisch geröstet am besten. Für das Braten nur so viel Fett wie unbedingt nötig verwenden, und dieses nicht zu stark erhitzen. Braune Butter eignet sich besonders gut, da sie nicht verbrennt und den Croûtons ein feines, nussiges Aroma verleiht. «

Schön knusprig wird der Speck, wenn er möglichst dünn geschnitten ist. Die Scheiben auf beiden Seiten gleichmäßig braun braten.

Die Speckscheiben nach dem Braten kurz auf Küchenpapier legen, damit überschüssiges Fett abtropfen kann.

Die Weißbrotwürfel ganz nach Belieben kleiner oder größer schneiden.

Die Brotwürfel bei milder Hitze goldgelb braten, damit der Knoblauch nur hell bräunt – falls nötig, früher herausnehmen.

Blattsalate mit Garnelen
auf Thousand-Island-Dressing

Zutaten für 4 Personen

1 Rezept French Dressing
(siehe S. 49)
1 EL Cognac · 1–2 EL Ananassaft
2 EL Tomatenketchup
1/2 TL geriebener Meerrettich
Zucker
250 g knackige Salatblätter
(z. B. Radicchio, Frisée, Eisberg)
1 EL braune Butter
(siehe S. 96)
300 g Garnelen (gegart)
1 Stück ausgekratzte
Vanilleschote
Chilisalz · 1 kleine Mango
1 rote Paprikaschote

1 Das French Dressing nach dem Rezept auf Seite 49 zubereiten. Cognac, Ananassaft, Ketchup, Meerrettich und 1 Prise Zucker hinzufügen und alles mit dem Stabmixer verrühren.

2 Die Salatblätter waschen, trocken schleudern und in Streifen schneiden. Die braune Butter in einer Pfanne erhitzen und die Garnelen darin bei mittlerer Hitze schwenken. Die Vanilleschote dazugeben und kurz mitziehen lassen. Die Garnelen mit Chilisalz würzen.

3 Von der Mango eine Hälfte am Stein entlang mit einem scharfen Messer abschneiden. Dann erst die Frucht schälen. Das Fruchtfleisch beider Hälften zuerst in Streifen, dann in kleine Würfel schneiden, den Stein entfernen. Die Paprikaschote längs halbieren, entkernen, waschen und in kleine Würfel schneiden.

4 Den Salat mit dem Dressing mischen und auf Schälchen verteilen. Die Garnelen und die Mango- und Paprikawürfel darauf anrichten.

Bittersalat mit Birnenspalten
und Blue-Cheese-Dressing

Zutaten für 4 Personen

1 Rezept French Dressing
(siehe S. 49)
70 g Blauschimmelkäse
1 EL weißer Portwein · Chiliflocken
250 g bittere Salatblätter
(z. B. Chicorée, Friséesalat, Radicchio) · 1 Stange Staudensellerie
2 reife Birnen · 1 EL braune Butter
1 TL Puderzucker
je 1 TL Anissamen, Zimtsplitter
und schwarze Pfefferkörner
je 1 EL Sonnenblumen- und
Kürbiskerne

1 Das French Dressing nach dem Rezept auf Seite 49 zubereiten. Den Käse zerbröckeln und hinzufügen. Den Portwein und 1 Prise Chiliflocken dazugeben und alles mit dem Stabmixer pürieren.

2 Die Salatblätter waschen, trocken schleudern und nach Belieben zerkleinern. Den Sellerie putzen, waschen und in Scheiben schneiden. Die Birnen waschen, halbieren und die Kerngehäuse entfernen. Die Birnen in Spalten schneiden. Die braune Butter in einer Pfanne erhitzen und die Birnenspalten darin bei mittlerer Hitze auf beiden Seiten anbraten. Mit dem Puderzucker bestäuben und karamellisieren. Anissamen, Zimtsplitter und Pfefferkörner mischen, in eine Gewürzmühle füllen und die Birnen damit würzen.

3 Den Salat mit dem Dressing mischen und auf Teller verteilen. Sellerie und Birnenspalten darauf anrichten, mit den Kernen bestreuen.

Das *Geheimnis* der Dressingqualität

» French Dressing ist ein cremiges Grunddressing, das sich mit wenigen Zutaten und Handgriffen variieren lässt. Ich verwende dafür ausschließlich hochwertiges Öl und sehr frisches Eigelb. Wegen des rohen Eigelbs muss das Dressing unbedingt kühl gestellt werden. «

Mit Cognac, Ananassaft, Tomatenketchup und Meerrettich wird aus dem French Dressing ein fruchtiges Thousand-Island-Dressing.

Die Mango mit einem scharfen Messer am Stein entlang halbieren und erst dann schälen – so hat man die Frucht griffiger in der Hand.

Mit weißem Portwein, Blauschimmelkäse und milden Chiliflocken entsteht aus dem French Dressing ein Blue-Cheese-Dressing.

Reife, aber feste Birnenspalten eignen sich zum Braten am besten, da sie ihre Form behalten.

Gebratener Gemüsesalat
mit Kaninchenrücken und Garnelen

Zutaten für 4 Personen
Für den Salat:
2 Fenchelknollen
1 Zucchino
2 rote Paprikaschoten
1 Aubergine
1 EL braune Butter (siehe S. 96)
Salz · Pfeffer aus der Mühle
4 EL Aceto balsamico
100 ml Gemüsebrühe
1 Msp. abgeriebene unbehandelte
Orangenschale
1 Zweig Thymian
getrocknete Lavendelblüten
2 Scheiben Knoblauch
1 Scheibe Ingwer
4 EL mildes Olivenöl

Für den Kaninchenrücken:
1 EL braune Butter
400 g Kaninchenrückenfilet
(küchenfertig)
2 Scheiben Knoblauch
2 Scheiben Ingwer
1 Stück Zimtrinde
mildes Chilisalz

Für die Garnelen:
8 Riesengarnelen
1 EL braune Butter
100 g Austernpilze
1 Stück ausgekratzte
Vanilleschote
Salz · Chiliflocken
1 Stück Zimtrinde

1 Für den Salat den Fenchel putzen, waschen und mit dem Strunk in etwa 3 mm dicke Scheiben schneiden oder hobeln. Den Zucchino putzen, waschen und in 1/2 cm dicke Scheiben schneiden. Die Paprikaschoten längs halbieren, entkernen, waschen und in Spalten schneiden. Die Aubergine putzen, waschen, längs halbieren und ebenfalls in 1/2 cm dicke Scheiben schneiden.

2 Die braune Butter in einer Pfanne erhitzen und die Gemüse darin nacheinander bei mittlerer Hitze rundum etwas anbraten. Mit Salz und Pfeffer würzen.

3 Das Gemüse aus der Pfanne nehmen. Den Bratensatz mit dem Essig und der Brühe ablöschen und etwas einköcheln lassen. Die Orangenschale, den Thymian, 1 Prise Lavendelblüten, den Knoblauch und den Ingwer hinzufügen und einige Minuten ziehen lassen. Die Pfanne vom Herd nehmen, die ganzen Gewürze entfernen und das Olivenöl unterrühren. Das warme Gemüse mit der Marinade in einer Schüssel mischen.

4 Für den Kaninchenrücken die braune Butter in einer Pfanne erhitzen und das Filet darin bei mittlerer Hitze 5 bis 6 Minuten rundum anbraten. Den Knoblauch und den Ingwer hinzufügen und kurz ziehen lassen, etwas Zimt darüberreiben. Die Pfanne vom Herd nehmen und das Fleisch in der Resthitze noch etwas ziehen lassen.

5 Für die Garnelen die Riesengarnelen schälen, am Rücken entlang einschneiden und den dunklen Darm entfernen. Die Garnelen waschen, trocken tupfen und längs von der dicken Seite her zu zwei Dritteln einschneiden. Die braune Butter in einer Pfanne erhitzen und die Garnelen darin bei milder Hitze kurz braten. Die Austernpilze putzen, trocken säubern und nach Belieben ganz lassen oder klein schneiden. Zu den Garnelen geben und kurz mitbraten. Die Vanilleschote hinzufügen, die Pfanne vom Herd nehmen und die Garnelen und Pilze mit Salz und Chiliflocken würzen. Etwas Zimt darüberreiben.

6 Den Gemüsesalat auf vorgewärmte Teller verteilen. Den Kaninchenrücken in Scheiben schneiden, mit Chilisalz würzen und mit den Garnelen auf dem Salat anrichten.

Das *Geheimnis* der Aromatisierung

» Das Gemüse nimmt die Aromen der Marinade am besten auf, wenn es lauwarm ist. Deshalb wird es bald nach dem Braten mit der Marinade vermischt. Die Lavendelblüten harmonieren perfekt mit der Orangenschale. Da sie sehr intensiv sind, sollte man sie vorsichtig dosieren. «

Das zerkleinerte Gemüse nacheinander in einer Pfanne in wenig brauner Butter anbraten.

Den Bratensatz mit Essig ablöschen. Dabei löst er sich vom Pfannenboden und macht mit seinem Aroma den Essig milder.

In dem warmen Essigfond entfaltet sich der Geschmack von Gewürzen und Kräutern besonders gut.

Mildes Olivenöl mit einem feinmaschigen Schneebesen in den Essigfond rühren – die Marinade jetzt nicht mehr erhitzen.

Juwelenreis-Salat
mit gebratener Geflügelleber

Zutaten für 4 Personen
Für den Juwelenreis:
200 g Langkornreis
1/2 l Hühnerbrühe
2 EL Oasentee (Früchtetee-
mischung aus Dattel, Sandelholz,
Apfel, Orangenschale, Korinthen,
Kardamom und Zimt)
1 TL gemahlene Kurkuma
1/2 rote Paprikaschote
2 EL Mandelblättchen
1 sehr kleiner Granatapfel
30 g Sultaninen
2 EL Pistazien

Für die Marinade:
100 ml Orangensaft
1 EL Weißweinessig
je 1 EL Lein- und Arganöl
Chilisalz

Für die Leber:
200 g Geflügelleber
2 EL braune Butter
(siehe S. 96)
5 EL roter Portwein
5 EL Orangensaft
1 EL kalte Butter
Salz · Pfeffer aus der Mühle

1 Für den Juwelenreis den Reis nach der Pilaw-Methode garen (siehe Seite 51). Dafür den Reis in die kochende Brühe geben, den Oasentee im Einwegteebeutel und die Kurkuma dazugeben. Den Reis bei milder Hitze knapp unter dem Siedepunkt etwa 18 Minuten ziehen lassen, bis er gar ist und die Flüssigkeit vollständig aufgenommen hat.

2 Die Paprika entkernen, waschen und in 1/2 cm große Würfel schneiden. Die Mandelblättchen in einer unbeschichteten Pfanne ohne Fett hell rösten. Den Granatapfel halbieren, die Kerne herauslösen und 4 EL abmessen. Die restlichen Kerne anderweitig verwenden. Den gegarten Reis mit den Paprikawürfeln, den Mandelblättchen, den Granatapfelkernen, den Sultaninen und den Pistazien mischen.

3 Für die Marinade den Orangensaft in einem hohen Rührbecher mit dem Essig und beiden Ölsorten mit dem Stabmixer verrühren und mit dem Chilisalz würzen. Die Marinade unter den noch warmen Reis mischen und diesen vor dem Servieren gegebenenfalls nachwürzen.

4 Für die Leber die Geflügellebern putzen und waschen. Die braune Butter in einer Pfanne erhitzen und die Lebern darin bei milder Hitze auf beiden Seiten 2 bis 3 Minuten leicht anbraten. Aus der Pfanne nehmen und auf einen vorgewärmten Teller legen. Den Bratensatz in der Pfanne mit dem Portwein und dem Orangensaft ablöschen und etwas einköcheln lassen. Die kalte Butter unterrühren. Die Lebern in die Sauce legen und mit Salz und Pfeffer würzen.

5 Den Juwelenreis auf tiefe Teller verteilen, die Lebern darauf anrichten und mit der Sauce beträufeln.

Das *Geheimnis* des Garens

» Bei der Pilaw-Methode nimmt der Reis die gesamte Flüssigkeit und somit auch die Aromen und die Farbe des Würztees auf. Am besten mariniert man den Reis warm, dann schmeckt er noch intensiver. Vor dem Servieren können Sie nach Belieben nachwürzen. «

Den losen Würztee in einen Einwegteebeutel füllen und diesen verschließen – so kann man später wieder alles gut entfernen.

Der Reis gart in der Würzteebrühe, bis die Flüssigkeit aufgesogen ist. Die Körner nehmen dabei den vollen Geschmack auf.

Zum Auslösen der Kerne den Granatapfel mit einem scharfen Messer quer halbieren.

Die Granatapfelhälften mit den Schnittflächen über eine Schüssel halten und mit dem Kochlöffel die Kerne herausklopfen.

Fisch
& Meeresfrüchte

Küchengeheimnis Fisch & Meeresfrüchte

Frischen ganzen Fisch erkennt man am angenehmen Geruch, an der glänzenden Haut, dem festen Fleisch und den klaren Augen. Er hält sich am besten zwischen 0 und 1°C im Kühlschrank, keinesfalls sollte er beim Einkauf oder bei der Zubereitung länger im Warmen liegen. Nicht immer bekommt man frische Ware, doch es gibt mittlerweile sehr hochwertige Tiefkühlprodukte, auf die man zurückgreifen kann. Da die Hersteller den Fisch zum Tiefgefrieren mit Wasser besprühen, damit er während der Lagerung nicht austrocknet, bildet sich beim Auftauen etwas Wasser. Deshalb tupft man aufgetauten Fisch trocken. Tintenfische, wie z. B. Kalamari, schmecken als frische Ware besonders zart, Garnelen dagegen lassen sich gut einfrieren. Wie alle anderen Tiefkühlprodukte auch, lässt man sie langsam im Kühlschrank auftauen, das Auftauwasser wird dann entsorgt.

Rundfisch filetieren und entgräten

1

Den Fisch auf ein Brett legen und direkt hinter den Kiemen mit einem scharfen Messer bis zur Mitte einschneiden.

2

Mit einem Filetiermesser unter dem Filet an der Mittelgräte entlangschneiden und das Filet dabei ablösen.

3

Das Filet mit der Fleischseite nach oben auf ein Brett legen und die Bauchgräten mit dem Messer abschneiden.

4

Die Stehgräten (kleinere Gräten) mit einer Pinzette aus den Fischfilets herausziehen.

Fangfrischer Fisch eignet sich sehr gut für die Garmethode des »Blaukochens«, denn er wird – eben wegen seiner Frische – besonders schön blau. Für alle anderen Garmethoden ist es jedoch von Vorteil, den Fisch einen Tag zugedeckt im Kühlschrank ruhen zu lassen, damit sich das Fleisch entspannen kann. Dann lässt sich Fisch sowohl im Ganzen als auch als Filet besser braten. Die Gräten können außerdem leichter entfernt werden. Unabhängig von der Garmethode sollte man ganzen Fisch, Fischfilets und Meeresfrüchte bei möglichst milder Hitze und niemals zu lange garen, damit sie saftig bleiben. Erst nach dem Garen wird gewürzt. Nach Belieben können Sie auch etwas hochwertiges Öl darüberträufeln.

Garnelenschwänze putzen

1

Die Schale der Garnelen mit den Fingern an der weichen Unterseite aufbrechen.

2

Die Schalen ablösen. Besonders dekorativ sieht es aus, wenn man die Schwanzfächer dabei stehen lässt.

3

Mit einem spitzen Messer das Fleisch am Rücken so tief einschneiden, bis der schwarze Darm zu sehen ist. Den Darm mit der Messerspitze auslösen.

Kalamari vorbereiten

1

Kopf und Arme eines Kalamaris in die Hand nehmen und mitsamt den Eingeweiden aus dem Körperbeutel ziehen.

2

Die Arme knapp unter den Augen mit einem Messer so vom Kopf abschneiden, dass sie durch einen dünnen Ring verbunden bleiben.

3

Die Tentakel so in beide Hände nehmen, dass der harte »Schnabel« oben liegt. Das Kauwerkzeug von unten herausdrücken.

4

Mit den Fingern das durchsichtige Fischbein aus dem Körperbeutel ziehen.

5

Die hauchdünne Haut von den Beuteln abziehen.

6

Die essbaren Teile wie Arme und Körper gründlich unter fließendem kaltem Wasser waschen und trocken tupfen.

Küchengeheimnis Zwiebeln

Zwiebeln sind äußerst vielseitig einsetzbar. Haushalts- und Gemüsezwiebeln werden in erster Linie als würzende Grundzutat für verschiedenste Rezepte verwendet. Sie geben hellen und dunklen Saucen Bindung. Werden sie angebräunt, entwickeln sie einen Röstgeschmack und verstärken zudem die Farbe von dunklen Saucen und Schmorgerichten. In klaren Brühen und Fonds unterstützen sie den Klärprozess. Milde Sorten wie rote und weiße Zwiebeln oder Frühlingszwiebeln eignen sich gut für rohe Zubereitungen, z. B. Salate. Werden Frühlingszwiebeln für warme Gerichte verwendet, dann gibt man sie erst gegen Ende der Garzeit dazu – so behalten sie ihre schöne grüne Farbe. Zwiebeln können natürlich auch eine größere Rolle spielen: Man kann Zwiebelringe backen oder kleine Zwiebeln, wie Perlzwiebeln oder Schalotten, schmoren und als Beilage servieren.

Zwiebeln schneiden

1 Wurzelende und Stielansatz der Zwiebel abschneiden, Strunk stehen lassen. Die Schale mit einem Messer abziehen.

2 Die Zwiebel längs halbieren. Mit der Schnittfläche auf ein Brett legen und von der Spitze bis zum Wurzelende einschneiden.

3 Die Zwiebelhälften mehrmals mit einem scharfen Messer waagerecht einschneiden. Dabei am Wurzelende gut festhalten.

4 Jetzt die Zwiebelhälften quer in sehr dünne Scheiben schneiden. Diese zerfallen zu sehr feinen Würfeln.

Frisch geerntete Zwiebeln sind während der Saison besonders scharf und reizen bei der Vorbereitung zu Tränen. Der Effekt lässt sich reduzieren, wenn man die Zwiebeln mit einem richtig scharfen Messer schneidet, damit möglichst wenig von den beißenden ätherischen Ölen entweicht. Zwiebeln sollten niemals mit einer Aufschnittmaschine geschnitten werden, denn dabei würden sie den Metallgeschmack annehmen. Zwiebeln auch nicht im Blitzhacker zerkleinern, denn dabei entwickeln sie Bitterstoffe. Beim Schälen entfernt man nur die Wurzel, der Strunk bleibt während des Schneidens dran – er hält die Blätter zusammen. Den übrig gebliebenen Strunk kann man nach Wunsch in Saucen und Suppen mitkochen.

Röstzwiebeln zubereiten

Etwa 200 ml Frittieröl in einem Topf auf 170 °C erhitzen. 2 weiße Zwiebeln oder Gemüsezwiebeln schälen und in Ringe schneiden oder hobeln.

70 g doppelgriffiges Mehl mit 1 TL edelsüßem Paprikapulver mischen. Die Zwiebelringe darin wenden, überschüssiges Mehl abschütteln.

Die Zwiebeln im Öl knusprig braun frittieren. Mit dem Schaumlöffel herausheben, auf Küchenpapier abtropfen lassen und mit Chilisalz würzen.

Gebackene Zwiebelringe zubereiten

Etwa 200 ml Frittieröl in einem Topf auf 170 °C erhitzen. 200 g Mehl mit 300 ml Bier und 2 Eigelb glatt rühren.

4 EL zerlassene braune Butter unterrühren. Kreuzkümmelsamen in eine Mühle geben und den Teig mit 1 TL davon würzen.

Dann den Teig mit Salz, Pfeffer und Muskatnuss würzen. 2 Eiweiß mit 1 Prise Salz zu cremigem Eischnee schlagen.

Den Eischnee locker und gleichmäßig unter den Backteig heben. Das geht am besten mit dem Teigschaber.

1 Gemüsezwiebel schälen und in etwa 1/2 cm dicke Ringe schneiden. Durch den Teig ziehen und im Öl schwimmend ausbacken.

Die gebackenen Zwiebelringe herausheben, auf Küchenpapier abtropfen lassen und mit etwas Chilisalz würzen.

Matjestatar im Zwiebelring
mit Meerrettich-Apfel-Sauce

Zutaten für 4 Personen

1 mittelgroße weiße Zwiebel
Salz
3 Lorbeerblätter
3 Gewürznelken
1 Zimtrinde
1 Scheibe Ingwer
150 g grüner Spargel
(oder je nach Saison Staudensellerie, Rucola oder Basilikum)
1 kleiner Apfel
1 kleine rote Zwiebel
50 g Cornichons
4 doppelte Matjesfilets
(je ca. 100 g)
einige Spritzer Zitronensaft
2 Msp. abgeriebene
unbehandelte Zitronenschale
1 Msp. abgeriebene
unbehandelte Orangenschale
1 EL Rapsöl
Chiliflocken
400 g festkochende Kartoffeln
1 getrocknete rote Chilischote
1 EL braune Butter (siehe S. 96)
Pfeffer aus der Mühle
getrocknetes Bohnenkraut
200 g Crème fraîche
1 EL Sahnemeerrettich
2 EL Apfelmus
einige Stiele Kerbel

1 Die Zwiebel schälen, die Enden großzügig abschneiden und die Zwiebel quer halbieren. Die Hälften in die einzelnen Ringe teilen und jeweils die beiden größten Ringe heraussuchen. Kleine Ringe anderweitig verwenden. In einem Topf Salzwasser zum Kochen bringen, 2 Lorbeerblätter, Nelken, Zimt und Ingwer dazugeben und die großen Zwiebelringe darin 2 bis 3 Minuten blanchieren. Mit dem Schaumlöffel herausnehmen und auf Küchenpapier abtropfen lassen.

2 Den Spargel waschen, im unteren Drittel schälen und die holzigen Enden entfernen. Die Spargelspitzen abschneiden, den Rest in 1/2 bis 1 cm dicke Scheiben schneiden. Spargelspitzen und -scheiben in kochendem Salzwasser bissfest blanchieren. In ein Sieb abgießen, kalt abschrecken und abtropfen lassen. Den Apfel waschen, vierteln und das Kerngehäuse entfernen. Die Apfelviertel in 1/2 cm große Würfel schneiden. Die rote Zwiebel schälen und in feine Würfel schneiden. Die Cornichons in Scheiben schneiden.

3 2 Matjesfilets waschen, trocken tupfen und in 1/2 bis 1 cm große Würfel schneiden. Mit den Spargelscheiben, der Hälfte der Apfelwürfel, der roten Zwiebel und den Cornichons in eine Schüssel geben. Mit Zitronensaft, je 1 Msp. Zitronen- und Orangenschale, Öl und 1 Prise Chiliflocken verrühren. Die restlichen Apfelwürfel mit etwas Zitronensaft beträufeln, damit sie sich nicht braun verfärben.

4 Die Kartoffeln schälen, waschen, in 1/2 bis 1 cm große Würfel schneiden. Die Kartoffelwürfel in Salzwasser mit dem restlichen Lorbeerblatt und der Chilischote weich garen. Abgießen und gut abtropfen lassen. Die braune Butter in einer Pfanne erhitzen und die Kartoffelwürfel darin bei mittlerer Hitze rundum goldbraun braten. Die restlichen Apfelwürfel untermischen. Mit Salz, Pfeffer und 1 Prise Bohnenkraut würzen.

5 Die Crème fraîche mit dem Sahnemeerrettich und dem Apfelmus mischen, bei Bedarf mit etwas Milch verdünnen. Mit Zitronensaft und der restlichen Zitronenschale würzen.

6 Je etwas Meerrettich-Apfel-Sauce auf Teller geben. Je 1 Zwiebelring daraufsetzen, mit dem Matjestatar füllen und mit den Spargelspitzen garnieren. Die gebratenen Kartoffelwürfel darum herum verteilen. Die restlichen Matjesfilets waschen, trocken tupfen, schräg in Stücke schneiden und neben dem Tatar anrichten. Mit Kerbel garnieren.

Das *Geheimnis* der Kombination

» Geschmacklich sind Matjes und Zwiebel ein tolles Paar.
Im Zusammenspiel mit Cornichons, Äpfeln und Meerrettich
entsteht eine besonders harmonische Komposition.
Wenn Sie die Zwiebeln blanchieren, werden sie milder. «

Die Zwiebelringe vorsichtig voneinander lösen. Mittelgroße weiße Zwiebeln eignen sich am besten für die Schälchen.

Die Zwiebeln in dem Gewürzsud blanchieren. So werden sie milder, bekömmlicher und erhalten zusätzlich ein feines Aroma.

Die Zwiebelringe werden zum Befüllen mit der weiten Seite nach oben auf Teller gesetzt. Ein wenig Sauce darunter gibt Halt.

Die gekochten Kartoffelwürfel gut abtropfen lassen, falls nötig sogar trocken tupfen. So lassen sie sich knuspriger braten.

Forellenstrudel
auf Ingwer-Karotten-Sauce mit Räucheraal

Zutaten für 4 Personen

Für den Strudel:

150 g Forellenfilet (ohne Haut und Gräten) · Salz
½ TL scharfer Senf
frisch geriebene Muskatnuss
150 g eiskalte Sahne
1 EL weißer Portwein
1 EL Dill (frisch geschnitten)
Chilisalz
150 g Saiblingsfilet
(ohne Haut und Gräten)
Butter für die Ringe
8 Strudelteigblätter (à 16 x 16 cm;
aus dem Kühlregal)
1 EL flüssige braune Butter
(siehe S. 96)

Für die Sauce:

150 g Räucheraalfilet (mit Haut)
200 g Karotten
300 ml Gemüsebrühe
5 große Scheiben Ingwer
1 Lorbeerblatt
1 getrocknete rote Chilischote
1 Splitter Zimtrinde
1 ausgekratzte Vanilleschote
80 ml Kokosmilch
½ TL mildes Currypulver
2 EL Butter · Chilisalz

Außerdem:

1 Bund grüner Spargel
Salz · 1 EL braune Butter
1 Handvoll gemischte Kräuterblätter (gewaschen)
einige Spritzer Limettensaft
Pfeffer aus der Mühle
Zucker · 1 TL Olivenöl

1 Für den Strudel das Forellenfilet waschen und trocken tupfen. In Würfel schneiden, salzen und im Tiefkühlfach 5 Minuten anfrieren lassen. Die Fischwürfel in den Blitzhacker geben und mit Senf und Muskatnuss würzen. Etwas anmixen, bis die Masse leicht zu binden beginnt. Die Sahne nach und nach untermixen, dabei darauf achten, dass die Sahne erst vollständig gebunden ist, bevor weitere Sahne hinzugefügt wird. Die Farce sollte glatt und glänzend sein. Den Portwein, den Dill und 1 Prise Chilisalz unterrühren. Das Saiblingsfilet waschen, trocken tupfen und in kleine Würfel schneiden. Die Fischwürfel unter die Farce mischen und diese gegebenenfalls etwas nachwürzen. Kühl stellen.

2 Für die Sauce den Aal häuten und entgräten. Die Karotten putzen, schälen und in kleine Würfel schneiden. In der Brühe mit Ingwer, Lorbeerblatt, Chilischote, Zimtsplitter, Vanilleschote und der Aalhaut etwa 20 Minuten mehr ziehen als köcheln lassen. Die Gewürze und die Fischhaut entfernen und die Karottenwürfel mit etwa 200 ml Brühe in einen Rührbecher geben. Kokosmilch, Currypulver und Butter dazugeben, mit dem Stabmixer aufmixen und mit Chilisalz würzen. Die Sauce wieder in den Topf geben und erwärmen.

3 Den Backofen auf 100 °C vorheizen. Das Aalfilet in Rauten schneiden, auf einen ofenfesten Teller legen, mit Frischhaltefolie bedecken und im Ofen 5 bis 10 Minuten erwärmen. Zum Warmhalten auf den Saucentopf stellen. Die Backofentemperatur auf 180 °C erhöhen

4 Ein Backblech mit Backpapier auslegen. Vier Metallringe (à etwa 8 cm Durchmesser) innen mit Butter einfetten und auf das Blech setzen. 4 Strudelteigblätter auf die Arbeitsfläche legen und mit brauner Butter bestreichen. Ein zweites Teigblatt 45 Grad versetzt daraufsetzen und ebenfalls mit Butter bestreichen. Die Stahlringe mit den Strudelteigblättern auslegen, die Enden überhängen lassen. Mit der Fischfarce füllen, die Strudelteigblätter nicht verschließen. Die Forellenstrudel im Ofen auf der mittleren Schiene etwa 15 Minuten goldbraun backen, herausnehmen und aus den Ringen lösen.

5 Den Spargel waschen, nur im unteren Drittel schälen und die holzigen Enden abschneiden. Die Stangen in kochendem Salzwasser bissfest blanchieren. Herausnehmen, abtropfen lassen und in der braunen Butter erhitzen, mit Salz würzen. Die Kräuterblätter mit Limettensaft, Salz, Pfeffer, 1 Prise Zucker und Olivenöl marinieren. Die Forellenstrudel mit Sauce, Aalstücken und Spargel auf Tellern anrichten und mit den Kräuterblättern garnieren.

Das *Geheimnis* der idealen Farce

» Damit die Farce eine optimale Bindung erhält, müssen alle Zutaten sehr kalt sein. Deshalb wird der kühlschrankkalte Fisch samt Sahne nochmals kurz ins Tiefkühlfach gestellt, damit beides wirklich eiskalt ist. Auch den Mixaufsatz am besten 10 Minuten ins Tiefkühlfach stellen. «

Das gekühlte Forellenfilet in Würfel schneiden, auf einen Teller geben und salzen. Im Tiefkühlfach einige Minuten anfrieren lassen.

Das eiskalte, aber nicht gefrorene Forellenfilet in den Blitzhacker geben und mit Senf und Muskatnuss würzen.

Die gewürzten Forellenstücke kurz durchmixen. Dann die eiskalte Sahne in drei bis vier Portionen untermixen.

Wenn die Farce glatt und glänzend ist, hat sie ihre optimale Bindung.

Seeteufel in Kartoffelbanderole
mit Lavendel-Olivenöl

Zutaten für 4 Personen
Für den Seeteufel:
2 große, längliche festkochende
Kartoffeln · Salz
8 Seeteufelmedaillons
Pfeffer aus der Mühle
1–2 EL Öl

Für das Gemüse:
1 Bund grüner Spargel
2 Karotten · Salz
2 TL Puderzucker
2 cl Noilly Prat (franz. Wermut)
120 ml Gemüsebrühe
1 EL Butter
1 Splitter Zimtrinde
1 Zacken Sternanis
Korianderkörner
1/2 ausgekratzte Vanilleschote
Chilisalz
2 kleine Fenchelknollen
1 EL Öl
1–2 EL Anislikör

Für das Lavendel-Olivenöl:
5 EL Olivenöl
1 Knoblauchzehe (halbiert)
2 Scheiben Ingwer
Lavendelblüten
Fenchelsamen · Anissamen
Chiliflocken
Korianderkörner · Salz

Außerdem:
einige Dillspitzen

1 Für den Seeteufel die Kartoffeln schälen, waschen und längs in hauchdünne Scheiben schneiden oder hobeln. 32 gleich große Scheiben in kochendem Salzwasser knapp 1 Minute garen. In ein Sieb abgießen, kalt abschrecken und abtropfen lassen. Je 2 Scheiben an der Schmalseite leicht überlappend auf ein Küchentuch legen. Quer über die Mitte weitere 2 Scheiben auflegen, sodass ein Kreuz entsteht. Die Seeteufelmedaillons waschen und trocken tupfen. Mit Salz und Pfeffer würzen und auf die Kreuzmitte legen. Die Kartoffelscheiben jeweils darüber zusammenlegen, sodass Päckchen entstehen.

2 Für das Gemüse den Spargel waschen, im unteren Drittel schälen und die holzigen Enden abschneiden. Stangen schräg in etwa 2 cm lange Stücke schneiden. Die Karotten putzen, schälen und schräg in etwa 1/2 cm breite Scheiben schneiden. Den Spargel und die Karotten getrennt in kochendem Salzwasser bissfest blanchieren, in ein Sieb abgießen, kalt abschrecken und abtropfen lassen.

3 In einem Topf 1 TL Puderzucker bei mittlerer Hitze hell karamellisieren. Die Karotten darin andünsten und mit Noilly Prat ablöschen. Die Brühe und die Butter dazugeben. Zimtsplitter, Sternanis, 1 Prise Korianderkörner und Vanilleschote hinzufügen und kurz mitziehen lassen. Nach einigen Minuten den Spargel hinzufügen und mit Chilisalz würzen.

4 Den Fenchel putzen, waschen und mit dem Strunk in etwa 3 mm dicke Scheiben schneiden. Das Öl in einer Pfanne erhitzen und den übrigen Puderzucker darin bei mittlerer Hitze karamellisieren. Die Fenchelscheiben darin auf beiden Seiten anbraten und mit dem Likör ablöschen.

5 Für den Fisch das Öl in einer Pfanne erhitzen und die Seeteufelpäckchen darin bei mittlerer Hitze auf beiden Seiten 3 bis 4 Minuten goldbraun braten.

6 Für das Lavendel-Olivenöl das Olivenöl in einer kleinen Pfanne leicht erwärmen, Knoblauch, Ingwer, je 1 Prise Lavendelblüten, Fenchel- und Anissamen, Chiliflocken und Korianderkörner sowie Salz hinzufügen und einige Minuten ziehen lassen.

7 Den Fenchel auf vorgewärmte Teller verteilen und die Fischpäckchen darauf anrichten. Den Spargel und die Karotten darum herum verteilen und mit dem Lavendelöl beträufeln. Mit dem Dill garnieren.

Das *Geheimnis* der Kontraste

» Das Spannende an diesem Gericht ist der Kontrast zwischen knuspriger Kartoffelhülle und zartem Fischfilet. Vor der Verwendung blanchiere ich die Kartoffeln kurz, so bleiben sie hell und werden auch wirklich gar. Da die Kartoffelscheiben den Fisch beim Braten schützen, bleibt er schön saftig. «

Die großen, länglichen Kartoffeln mit einem feinen Hobel oder der Aufschnittmaschine in hauchdünne Scheiben schneiden.

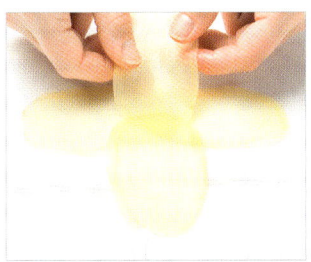

Je 4 blanchierte Kartoffelscheiben kreuzförmig auf Küchentücher legen – dabei wird überschüssiges Wasser aufgesaugt.

Die Fischfilets würzen – der Kartoffelmantel schützt sie beim Braten vor zu großer Hitze.

Die Kartoffelscheiben sollten oben etwas überlappen, damit die Päckchen beim Anbraten nicht auseinanderfallen.

Zander auf Gewürzsalzbett
mit Feldsalat-Liebstöckel-Sauce

Zutaten für 4 Personen
Für den Zander:

3 EL gemischte ganze Gewürze
(Kardamom, grüne und schwarze
Pfefferkörner, rosa Pfefferbeeren, Wacholderbeeren, Korianderkörner, Fenchelsamen,
Zimtsplitter, Bockshornklee)
300 g feinkörniges Meersalz
1 EL Mehl · 1 EL Speisestärke
1 Eiweiß
4 Zanderfilets (à 150 g;
ohne Haut und Gräten)
1 EL braune Butter (siehe S. 96)

Für Sauce und Kartoffeln:
300 g festkochende Kartoffeln
1/2 l Gemüsebrühe
1 Lorbeerblatt
1 halbierte Knoblauchzehe
1 getrocknete rote Chilischote
150 g Sahne
1–2 Handvoll Feldsalat
2 Stängel Liebstöckel
2 EL kalte Butter
2 EL braune Butter
frisch geriebene Muskatnuss
rot-grünes Chilisalz mit Vanille
einige Spritzer Zitronensaft
1/2 TL abgeriebene unbehandelte
Zitronenschale
mildes Chilisalz
Salz · Pfeffer aus der Mühle

1 Für den Zander den Backofen auf 200 °C vorheizen. Die Gewürze im Mörser grob zerstoßen. Das Meersalz mit den Gewürzen, dem Mehl und der Speisestärke mischen. Das Eiweiß cremig aufschlagen und untermischen. Eine ofenfeste Pfanne mit Backpapier auslegen, die Salzmasse darin verteilen, glatt streichen und im Ofen auf der mittleren Schiene 20 Minuten trocknen. Die Pfanne mit dem Salzbett aus dem Ofen nehmen. Die Backofentemperatur auf 100 °C herunterschalten.

2 Die Zanderfilets waschen und trocken tupfen. Die braune Butter in einer Pfanne erhitzen und die Fischfilets darin bei mittlerer Hitze auf beiden Seiten kurz anbraten. Aus der Pfanne nehmen und auf das Salzbett in der Pfanne legen. Die Pfanne mit Salzbett und Fisch auf ein Ofengitter stellen und den Fisch im Ofen auf der mittleren Schiene 10 bis 15 Minuten saftig durchziehen lassen.

3 Für die Sauce die Kartoffeln schälen, waschen und in 1 cm große Würfel schneiden. Die Kartoffelwürfel in der Brühe mit dem Lorbeerblatt, dem Knoblauch und der Chilischote weich garen. Die Kartoffelwürfel in ein Sieb abgießen, dabei die Brühe auffangen. Die Gewürze entfernen.

4 Die Brühe mit der Sahne in einen Topf geben, erhitzen, eine Handvoll Kartoffelwürfel hinzufügen und mit dem Stabmixer pürieren. Den Feldsalat verlesen, waschen und trocken schleudern. Etwas Feldsalat zum Garnieren beseitelegen, den Rest klein schneiden. Den Liebstöckel waschen und trocken tupfen, die Blätter abzupfen und ebenfalls klein schneiden. Beides unter die Sauce mixen.

5 Die kalte Butter und 1 EL braune Butter ebenfalls unter die Sauce mixen. Die Feldsalat-Liebstöckel-Sauce mit Muskatnuss, rot-grünem Chilisalz, Zitronensaft und -schale würzen. Bei Bedarf mit Brühe verdünnen.

6 Für die Kartoffeln die restliche braune Butter in einer Pfanne erhitzen und die übrigen Kartoffelwürfel darin bei milder Hitze rundum anbraten. Mit Chilisalz, Salz und Pfeffer würzen und auf Küchenpapier abtropfen lassen.

7 Die Feldsalat-Liebstöckel-Sauce auf vorgewärmte Teller verteilen und die Zanderfilets darauf anrichten. Mit den Kartoffelwürfeln und dem beiseitegelegten Feldsalat garnieren. Das Salzbett kann zum Garen von Fisch mehrmals verwendet werden – allerdings sollte man es nur einen Tag lang aufbewahren.

Das *Geheimnis* des Aromagarens

» Ich serviere das Zanderfilet gerne auf einem Salzbett –
es ist ein echter Hingucker. Gleichzeitig sind die Gewürze darin gut
geschützt. Bei Kontakt mit dem Filet wird das Salz angelöst,
die Gewürze werden frei, und ihr Geschmack geht in den Fisch über. «

Die Gewürze im Mörser grob zerstoßen, damit sie ihr volles Aroma an die Salzmischung abgeben können.

Alle trockenen Zutaten gut mischen, damit sie gleichmäßig verteilt sind. Dann erst den Eischnee unterziehen.

Backpapier unter dem Salzbett sorgt dafür, dass sich der Salzblock nach dem Garen gut von der Pfanne lösen lässt.

Die Zanderfilets nur kurz in brauner Butter anbraten. Zum Fertiggaren auf das Salzbett legen und in den Ofen stellen.

Gedämpfter Waller
auf Kurkuma-Paprika-Sauce

Zutaten für 4 Personen

Für die Sauce:

1 mehligkochende Kartoffel
(ca. 80 g)
300 ml Gemüsebrühe
1 Lorbeerblatt
1 getrocknete rote Chilischote
80 g Sahne
1–2 TL scharfer Senf
1/4 TL gemahlene Kurkuma
1/4 TL Paprikapulver (edelsüß)
2 EL kalte Butter
Salz · Pfeffer aus der Mühle

Für den Fisch:

4 Wallerfilets (à 120 g; ohne Haut
und Gräten) · Salz
je 2 EL gehacktes Zitronengras,
getrockneter Ingwer und Süßholz
(aus dem Gewürzladen oder
der Apotheke)
1 TL schwarze Pfefferkörner
3 EL braune Butter (siehe S. 96)
mildes Chilisalz

Außerdem:

je einige Blätter Portulak,
Eiskraut, Frisée- und Feldsalat
1 Stück Zimtrinde

1 Für die Sauce die Kartoffel schälen, waschen und in 1 cm große Würfel schneiden. Die Kartoffelwürfel in einem Topf in der Brühe mit dem Lorbeerblatt und der Chilischote weich garen. Beides wieder entfernen.

2 Die Sahne, den Senf, die Kurkuma und das Paprikapulver unterrühren, zuletzt die kalte Butter dazugeben. Alles mit dem Stabmixer fein pürieren und die Sauce mit Salz und Pfeffer würzen.

3 Für den Fisch die Wallerfilets waschen und trocken tupfen. In einem Dämpftopf etwa 2 cm hoch Salzwasser mit dem Zitronengras, dem Ingwer, dem Süßholz und den Pfefferkörnern aufkochen lassen.

4 Den Dämpfeinsatz mit 1 EL brauner Butter einfetten, in den Topf setzen und die Wallerfilets darauflegen. Die Fischfilets zugedeckt bei milder Hitze je nach Dicke der Filets 8 bis 10 Minuten dämpfen. Am Ende der Garzeit die Wallerfilets mit der restlichen braunen Butter bestreichen und mit Chilisalz würzen.

5 Die Salatblätter waschen und trocken tupfen. Die Sauce nochmals mit dem Stabmixer aufschäumen und auf vorgewärmte Teller verteilen. Die Wallerfilets daraufsetzen und mit den Salatblättern garnieren. Etwas Zimt darüberreiben. Als Beilage dazu passen Kartoffeln oder Reis.

Das *Geheimnis* des Dämpfens

» In Dampf werden Fischfilets sanft gegart: Vitamine und Mineralstoffe bleiben erhalten, und das hochwertige Eiweiß wird geschont. Voraussetzung dafür ist, dass das Wasser nicht kocht. Der Dampf des üppig gewürzten Suds verleiht den Wallerfilets zudem ein feines Aroma. «

Die Kartoffelwürfel mit Lorbeerblatt und Chilischote in der Brühe kochen – so hat man eine würzige Basis für eine sämige Sauce.

Die gemahlenen Gewürze dazugeben und die Sauce mit dem Stabmixer pürieren. Die Kartoffeln sorgen dabei für Bindung.

Das Dämpfwasser reichlich würzen. Den Einsatz mit brauner Butter bestreichen, damit sich die Filets später gut lösen.

Nach dem Dämpfen die Wallerfilets mit der braunen Buttter bestreichen – das gibt ein feines Nussaroma – und dann salzen.

Zander mit Brotkruste
und Rote-Bete-Gemüse

Zutaten für 4 Personen

Für das Gemüse:

400 g Rote Bete
Salz
$1/2$ TL ganzer Kümmel
1 reife Birne
1 Bund Frühlingszwiebeln
1 EL braune Butter (siehe S. 96)
mildes Chilisalz
Pfeffer aus der Mühle
150 ml Gemüsebrühe
2–3 EL Rotweinessig
1 TL scharfer Senf
3 EL Olivenöl
Zucker

Für den Zander:

8 Zanderfilets (à 60 g; mit Haut,
ohne Gräten)
Salz · Pfeffer aus der Mühle
16 kleine dünne Baguettescheiben
2 EL braune Butter
4 Zweige Thymian
mildes Chilisalz

Außerdem:

Murray-River-Salz
(aus dem Gewürzladen;
ersatzweise Fleur de Sel)

1 Für das Gemüse die Roten Beten waschen und die Blätter vorsichtig abschneiden, ohne die Knollen zu verletzen. Die Roten Beten in kochendem Salzwasser mit dem Kümmel etwa 1 Stunde weich garen. In ein Sieb abgießen, kalt abschrecken und schälen. Die Roten Beten halbieren und in Scheiben schneiden (dabei am besten Einweghandschuhe tragen oder ein Küchentuch zu Hilfe nehmen).

2 Die Birne waschen, vierteln und das Kerngehäuse entfernen. Die Birnenviertel in Spalten schneiden. Die Frühlingszwiebeln putzen, waschen, schräg halbieren und in kochendem Salzwasser 1 bis 2 Minuten blanchieren. In ein Sieb abgießen, kalt abschrecken und abtropfen lassen. Die braune Butter in einer Pfanne erhitzen und die Birnenspalten darin bei mittlerer Hitze auf beiden Seiten anbraten. Die Frühlingszwiebeln hinzufügen, kurz mitbraten und mit Chilisalz und Pfeffer würzen.

3 Die Brühe mit Essig, Senf und Olivenöl mischen, mit Salz, Pfeffer und 1 Prise Zucker abschmecken. Die Roten Beten untermischen und einige Minuten ziehen lassen, nach Belieben nochmals nachwürzen.

4 Für den Zander die Zanderfilets waschen und trocken tupfen. Auf der Hautseite mit Salz und Pfeffer würzen und leicht überlappend mit je 2 Brotscheiben belegen. Die braune Butter in einer Pfanne erhitzen und die Fischfilets darin mit den Brotscheiben nach unten bei milder Hitze braten, bis die Brotscheiben goldbraun sind. Die andere Fischseite salzen, den Fisch wenden und je 1 gewaschenen Zweig Thymian unter die Fischfilets legen. Die Pfanne vom Herd nehmen und den Fisch in der Resthitze saftig durchziehen lassen. Mit Chilisalz würzen, aus der Pfanne nehmen und auf Küchenpapier abtropfen lassen.

5 Die Roten Beten auf vorgewärmte Teller verteilen, die Zanderfilets mit der Brotseite nach oben darauf anrichten und mit den Birnenspalten und Frühlingszwiebeln garnieren. Mit Murray-River-Salz würzen.

Das *Geheimnis* des Bratens

» Der Clou an diesem Gericht ist der Kontrast zwischen den kross gebratenen Brotscheiben und dem weichen, saftigen Fischfilet. Damit das Brot schön knusprig wird, braucht es die richtige Menge Fett – braune Butter ist sehr gut geeignet, denn sie bringt zusätzlich Geschmack. **«**

Nur sehr dünne Brotscheiben haften am Fisch. Durch das Salzen tritt Eiweiß aus den Filets und gibt zusätzlichen Halt.

Die Fischfilets mit der Brotseite nach unten vorsichtig in die Pfanne legen und das Brot knusprig braten.

Die Fischfilets so vorsichtig mit einem flachen Bratenwender oder einer Winkelpalette wenden, dass das Brot haften bleibt.

Je 1 Thymianzweig unter die Fischfilets legen, damit das würzige Aroma beim Braten in die Filets einziehen kann.

Fischfond
von Meeresfischen und Garnelen

Zutaten für ca. 2 l

1 kg Fischkarkassen
(z. B. von Steinbutt, Seezunge,
Seeteufel, Kabeljau, St. Peters-
fisch; keine Lachskarkassen)
ca. 100 g Garnelenkarkassen
(ohne Köpfe)
1 Zwiebel
1 Stange Lauch (nur das Weiße)
1/2 Fenchelknolle
1 Stange Staudensellerie
50 g kleine Champignons (oder
1–2 EL getrocknete Champignons)
1 Tomate
1 EL Olivenöl
1/2 TL Puderzucker
1/4 l Weißwein
2 Lorbeerblätter
1 TL schwarze Pfefferkörner
1/2 TL Pimentkörner
1 Knoblauchzehe (in Scheiben)

1 Die Fischkarkassen zerkleinern und in kaltem Wasser mindestens 2 Stunden wässern, dabei das Wasser zwischendurch mehrmals erneuern, bis es klar bleibt. Den Backofen auf 150 °C vorheizen. Ein Backblech mit Backpapier auslegen. Die Fischkarkassen in ein Sieb abgießen und abtropfen lassen. Auf das Blech geben und im Ofen auf der mittleren Schiene etwa 10 Minuten trocknen lassen. Die Garnelenkarkassen waschen und abtropfen lassen.

2 Die Zwiebel schälen, den Lauch, den Fenchel und den Sellerie putzen und waschen. Das Gemüse grob zerkleinern. Die Champignons putzen, trocken säubern und in Scheiben schneiden. Die Tomate waschen und vierteln, dabei den Stielansatz entfernen. Die Tomatenviertel in Würfel schneiden.

3 Das Olivenöl in einem breiten Topf erhitzen und die Garnelenkarkassen darin bei milder Hitze anrösten. Zwiebel, Lauch, Fenchel und Sellerie dazugeben und andünsten. Den Puderzucker darüberstäuben und leicht karamellisieren. Mit dem Wein ablöschen und etwas einköcheln lassen. Die Fischkarkassen dazugeben und mit etwa 3 l kaltem Wasser auffüllen, bis alles gut bedeckt ist. Champignons, Lorbeerblätter, Pfeffer- und Pimentkörner sowie Knoblauch dazugeben und kurz aufkochen. Die Tomaten hinzufügen und alles knapp unter dem Siedepunkt etwa 30 Minuten ziehen lassen. Den dabei aufsteigenden Schaum mit dem Schaumlöffel abnehmen.

4 Den Fischfond vom Herd nehmen, abkühlen lassen und nach und nach mit einem Schöpflöffel vorsichtig durch ein mit einem feinen Passier- oder Küchentuch ausgelegtes Sieb gießen. Zum Aufbewahren den Fischfond am besten in kleinen Portionen und gut verschlossen einfrieren. So aufbewahrt, hält er sich mehrere Monate. Der Fond eignet sich zur Zubereitung von allen Fischgerichten, Fischsuppen und -saucen sowie z. B. für Risotto.

Das *Geheimnis* der dezenten Farbe

» Damit der Fischfond hell bleibt, verwende ich nur helles Gemüse.
Einzige Ausnahme ist die Tomate, die ich zum Schluss dazugebe.
Sie klärt den Fond, d.h., sie bindet Trübstoffe und rundet mit
ihrer feinen Säure den Geschmack ab. «

Die Karkassen in sehr kaltem Wasser einlegen. Das Wasser mehrmals abgießen, bis es klar bleibt und die Karkassen hell werden.

Das Trocknen der Karkassen im Ofen bewirkt, dass das enthaltene Eiweiß versiegelt wird und der Fond später klar bleibt.

Die Garnelenkarkassen bei milder Hitze rundum anrösten, damit sich ihr Geschmack voll entfalten kann.

Beim Abgießen den Fond nicht auf einmal schütten, sondern schöpflöffelweise vorsichtig durch ein Passiertuch gießen.

Fischsuppe von Meeresfischen
mit Rouille

Zutaten für 4 Personen
Für die Suppe:
1/2 Bund Frühlingszwiebeln
1 Stange Staudensellerie
1/2 kleine Fenchelknolle
1 kleine Zwiebel · 2 Tomaten
50 g Champignons · 2 TL Puderzucker · 1–2 EL Tomatenmark
1/4 l Weißwein · 1–2 EL Cognac
4 EL Noilly Prat (franz. Wermut)
1/2 Döschen Safranfäden (0,05 g)
Anis- und Fenchelsamen
1 l Fischfond (siehe S. 84 oder
Gemüsebrühe)
1 Knoblauchzehe (in Scheiben)
1 Streifen unbehandelte
Zitronenschale · Salz
rot-grünes Chilisalz mit Vanille
frisch geriebene Muskatnuss
1 Stück Zimtrinde
400 g gemischte Fischfilets
(z. B. Rotbarbe, Dorade, Lachs)
4 Garnelen (küchenfertig)
4 Jakobsmuscheln (küchenfertig)
1 EL Olivenöl

Für die Rouille:
1 festkochende Kartoffel · Salz
1/2 Döschen Safranfäden (0,05 g)
1/2 Knoblauchzehe (in Scheiben)
2 Eigelb
1/2 TL Dijonsenf · 2 TL Weißweinessig · Pfeffer aus der Mühle
mildes Chilipulver
1 Msp. geriebener Knoblauch
100 ml Öl · 80 ml mildes Olivenöl

Außerdem:
12 Baguettescheiben · 1 EL Olivenöl · Pfeffer aus der Mühle

1 Für die Suppe die Frühlingszwiebeln putzen, waschen und schräg in 1/2 bis 1 cm große Stücke schneiden. Den Sellerie und den Fenchel putzen und waschen, den Sellerie schräg in Scheiben, den Fenchel in kleine Würfel schneiden. Die Zwiebel schälen und in kleine Würfel schneiden. Die Tomaten kreuzweise einritzen, überbrühen, kalt abschrecken, häuten, vierteln und entkernen. Die Tomatenviertel in kleine Würfel schneiden. Die ausgelösten Kerne mixen und durch ein Sieb streichen, die übrigen Kerne aus dem Sieb entfernen. Den Saft beiseitestellen. Die Champignons putzen, trocken säubern und in Scheiben schneiden.

2 Den Puderzucker in einem Topf karamellisieren und das Tomatenmark darin anrösten. Mit Wein, Cognac und Noilly Prat ablöschen und kurz einköcheln lassen. Zwiebel, Sellerie und Fenchel sowie Safran und je 1 Prise Anis und Fenchel dazugeben. Den Fond und den passierten Tomatenkernsaft hinzufügen und 10 bis 15 Minuten leicht köcheln lassen. Tomatenwürfel, Frühlingszwiebeln und Champignons hinzufügen und kurz erhitzen. Knoblauch und Zitronenschale dazugeben und einige Minuten ziehen lassen. Die Suppe mit Salz und je 1 Prise rot-grünem Chilisalz und Muskatnuss würzen, etwas Zimt darüberreiben. Die Zitronenschale entfernen.

3 Inzwischen für die Rouille die Kartoffel schälen, waschen, in Würfel schneiden und in Salzwasser mit dem Safran weich garen. 10 Minuten vor Ende der Garzeit die Knoblauchscheiben dazugeben. Die Eigelbe mit Senf, Essig, Salz, Pfeffer, 1 Prise Chilipulver und dem geriebenen Knoblauch in einen Mixer geben. Beide Ölsorten nach und nach untermixen. Die Kartoffelwürfel und 2 EL Kartoffel-Kochwasser dazugeben und untermixen. Nach Belieben etwas nachwürzen.

4 Die Fischfilets waschen, trocken tupfen und in 1 bis 2 cm große Würfel schneiden. In einem Topf Salzwasser aufkochen, vom Herd nehmen und die Fischstücke darin 1 bis 2 Minuten ziehen lassen. Mit dem Schaumlöffel herausnehmen, in die Fischsuppe geben und darin 2 bis 3 Minuten ziehen lassen. Die Garnelen und die Jakobsmuscheln waschen, trocken tupfen und in einer Pfanne im Olivenöl bei mittlerer Hitze auf beiden Seiten kurz braten. Ebenfalls in die Suppe geben.

5 Die Brotscheiben in der Pfanne im Olivenöl auf beiden Seiten anrösten. Die Fischsuppe in vorgewärmten tiefen Tellern anrichten und Pfeffer grob darübermahlen. Die gerösteten Brotscheiben mit der Rouille dazu servieren.

Das *Geheimnis* der perfekten Suppe

» Klarer Fischfond ist die Grundlage für diese Suppe. Damit auch die Suppe klar bleibt, werden Fischwürfel, Garnelen und Jakobsmuscheln separat vorgegart, sodass kein Eiweiß mehr austreten kann. In der Suppe ziehen sie dann nur noch leicht durch. «

Farbe und Geschmack von Safran lösen sich am besten in warmer Flüssigkeit.

Die Fischstücke kurz in Salzwasser blanchieren und anschließend in der Suppe gar ziehen lassen.

Die Garnelen und Jakobsmuscheln kurz auf beiden Seiten anbraten – sie bekommen dadurch einen sehr feinen Geschmack.

Die angebratenen Garnelen und Jakobsmuscheln in die Suppe geben und saftig durchziehen lassen.

Gebratene Kalamari
mit Kräuteröl und Peperonispinat

Zutaten für 4 Personen
Für die Kalamari:
600 g kleine Kalamari
5 EL mildes Olivenöl
3 Knoblauchzehen (in Scheiben)
1 Stück ausgekratzte
Vanilleschote
1 Scheibe Ingwer
frisch geriebene Zimtrinde
2 EL gemischte Kräuterblätter
(z. B. Petersilie, Kerbel,
Basilikum, Rosmarin, Thymian)
milde Chiliflocken · Salz
je 1 Msp. abgeriebene
unbehandelte Zitronen- und
Orangenschale

Für den Spinat:
2 Tomaten
je 1 rote und grüne Peperoni
oder Spitzpaprikaschote
400 g Blattspinat
1 EL Öl
3 EL Gemüsebrühe
Salz · mildes Chilipulver
1 Msp. abgeriebene unbehandelte
Zitronenschale
frisch geriebene Muskatnuss

1 Für die Kalamari, die Kalamari waschen, trocken tupfen und wie auf Seite 69 beschrieben vorbereiten. Die Tuben und Tentakel – je nach Größe der Kalamari – gegebenenfalls klein schneiden.

2 Für den Spinat die Tomaten kreuzweise einritzen, überbrühen, kalt abschrecken, häuten, vierteln und entkernen. Die Tomatenviertel in kleine Würfel schneiden. Die Peperoni längs halbieren, entkernen, waschen und in 1 cm breite Stücke schneiden. Den Spinat verlesen, waschen und trocken schleudern, grobe Stiele entfernen.

3 Das Öl in einer Pfanne erhitzen und die Peperoni darin kurz andünsten. Die Brühe dazugeben und die Peperoni etwa 5 Minuten garen. Den Spinat mit den Tomatenwürfeln dazugeben und zusammenfallen lassen. Mit Salz, 1 Prise Chilipulver, der Zitronenschale und etwas Muskatnuss würzen und warm halten.

4 Für die Kalamari 3 bis 4 EL Olivenöl in einem kleinen Topf bei mittlerer Hitze erwärmen, Knoblauch, Vanilleschote und Ingwer dazugeben, etwas Zimt darüberreiben. Die Kräuterblätter waschen und trocken tupfen, grob schneiden und ebenfalls in das Öl geben. Mit Chiliflocken und Salz würzen und die Zitronen- und Orangenschale hinzufügen.

5 Je 1 bis 2 TL Olivenöl in zwei großen Pfannen stark erhitzen und jeweils die Hälfte der Kalamari darin verteilen. Etwa 1 Minute anbraten, dabei einmal wenden. Die Pfannen vom Herd nehmen und die Kalamari in dem Kräuteröl wenden.

6 Den Peperonispinat auf vorgewärmte Teller verteilen, die Kalamari darauf anrichten und mit dem restlichen Kräuteröl beträufeln.

Das *Geheimnis* der Zartheit

» Damit frische Kalamari ganz zart werden, brate ich sie nur kurz bei mittlerer Hitze in wenig Öl. Danach nehme ich sie sofort aus der heißen Pfanne und wende sie in dem vorbereiteten Kräuteröl. Tiefgekühlte Kalamari brauchen länger, bis sie weich sind. «

Die Gewürze im Olivenöl nur sanft erwärmen, damit sich ihre Aromen entfalten und das Öl seine wertvollen Inhaltsstoffe behält.

Die Pfanne bei mittlerer Temperatur stark erhitzen, wenig Öl hineingeben und die Kalamari darin anbraten.

Die Kalamari nach etwa $1/2$ Minute wenden und auf der anderen Seite ebenfalls kurz braten.

Die Kalamari sofort im warmen Gewürzöl wenden, damit sie die Aromen aufnehmen können.

Fleisch

Küchengeheimnis Rind & Steak

Die Dicke eines Rindersteaks entscheidet über die Zubereitungsart: Minutensteaks - auch Paillards genannt - sind etwa 1 ½ cm dick und lassen sich sehr gut in der Pfanne zubereiten. Man brät sie zunächst bei mittlerer Hitze in etwas Öl an, wendet sie und brät sie auf der zweiten Seite ebenfalls an. Dann lässt man sie je nach Geschmack bei milder Hitze gar ziehen. Dickere Steaks werden in einer Pfanne in wenig Öl auf beiden Seiten und an den Rändern kurz angebraten und dann bei 80 bis 100 °C im Backofen fertig gegart. Das Steak wird dafür auf ein Ofengitter gelegt, damit die Hitze das Stück von allen Seiten gleichmäßig durchdringen kann. Das Fleisch gart entspannt und kann fast ohne Saftverlust sofort aufgeschnitten werden. Gewürzt wird zum Schluss: In einer Pfanne braune Butter oder mildes Olivenöl erwärmen und mit Gewürzen aromatisieren, Fleisch darin wenden.

Tafelspitz schneiden

1

So machen Sie es richtig: Den gegarten Tafelspitz quer zur Faser in Scheiben schneiden.

2

Und so sollten Sie es nicht machen: Den Tafelspitz mit der Faser aufschneiden.

Fleisch vakuumieren

1

Ein Stück rohes Fleisch in eine Vakuumtüte passender Größe legen. Die Tüte sorgfältig verschließen.

2

Die Tüte unbedingt beschriften: Die Fleischsorte und das Datum des Vakuumierens gut leserlich auftragen.

Gegartes Fleisch unbedingt gegen die Faser aufschneiden, denn dann schmeckt es zarter. Vor allem beim Tafelspitz ist hier Vorsicht geboten, weil sich die Faser innerhalb des Stückes dreht. Unabhängig vom Stück und der Zubereitungsmethode gilt: Fleisch soll beim Garen auf alle Fälle zart werden. Deshalb sollten sowohl Steaks als auch Koch- und Schmorfleisch zuvor mindestens drei Wochen abgehangen sein. Früher hing man das Fleisch dazu in großen Stücken in kühlen Räumen auf und strich es mit Rindertalg ein; dadurch wurde die Oberfläche versiegelt und das Fleisch konnte reifen. Heute geht das wesentlich einfacher, indem man Fleischstücke vakuumiert. Man kann beim Metzger bereits vorgereiftes Fleisch kaufen oder lässt es vakuumiert in der kältesten Zone im Kühlschrank nachreifen.

Dünnes Filetsteak in der Pfanne braten

Das Filetsteak (etwa 1 1/2 cm dick) aus dem Kühlschrank nehmen und mit Küchenpapier trocken tupfen.

Eine beschichtete Pfanne erhitzen, etwas Öl hineingeben. Das Steak auf einer Seite anbraten, bis an der Oberfläche rötlicher Fleischsaft austritt.

Das Steak mit einem Pfannenwender umdrehen und auf der zweiten Seite braten, bis ebenfalls Saftperlen zu sehen sind. Jetzt ist es »medium«.

Dickes Filetsteak im Ofen garen

Ein dickes angebratenes Filetsteak (etwa 4 cm) auf das Ofengitter legen und bei 80 bis 100 °C im Ofen fertig garen.

Braune Butter in einer Pfanne sanft erhitzen. Kardamomkapseln, 1 Stück Vanilleschote, 1 Zimtsplitter, Chilisalz und Ingwerscheiben dazugeben.

Das gegarte Steak in der warmen Gewürzbutter wenden. Mit einem Löffel etwas Gewürzbutter über das Fleisch träufeln.

Die Garstufen von Steaks

Rare: Die Kerntemperatur beträgt 45 bis 50 °C. Das Fleisch ist blutig, der austretende Fleischsaft dunkelrot.

Medium: Die Kerntemperatur beträgt 60 °C. Das Fleisch hat einen rosa Kern, der Fleischsaft ist zartrosa bis rötlich.

Well done: Die Kerntemperatur beträgt 70 bis 85 °C. Das Fleisch ist gleichmäßig durch, der Fleischsaft hell und klar.

Küchengeheimnis Schwein

Wie bei anderen Fleischsorten auch, sind für die Teilstücke vom Schwein unterschiedliche Garmethoden erforderlich. Schweinefilet und Rückensteak oder -kotelett sind die klassischen Kurzbratstücke, die am besten vorher 4 bis 5 Tage abgehangen werden; auch Nackensteaks gehören in diese Kategorie. Der Nacken kann aber auch im Ganzen als Schweinebraten zubereitet werden. Dieses Stück bekommt man jedoch meistens ohne Schwarte, und deshalb hat ein Schweinebraten aus dem Nacken auch nicht die typische knusprige Kruste. Wer einen Braten mit Kruste möchte, greift am besten auf Wammerl, also Schweinebauch, oder auf ein Keulen- oder Schulterstück zurück. Schweinehaxen sollte man am besten zuerst einige Zeit kochen, bevor die Schwarte eingeritzt und die Haxen anschließend auf dem Ofengitter bei über 200 °C kross gebraten werden.

Schweinefilet vorbereiten

1

Die Sehnen der Länge nach mit einem scharfen Messer vom Schweinefilet abtrennen.

2

Das Filet in Kopf (rechts), Mittelstück (Mitte) und Filetspitze (links) teilen.

3

Das gleichmäßige Mittelstück in Medaillons schneiden.

4

Die Filetspitze schnetzeln. Dazu das Stück quer zur Faser in 1 cm breite Streifen schneiden.

Schweinefilet gehört zu den Kurzbratstücken. Bei der Vorbereitung wird als Erstes die Sehne abgelöst. Das ganze Schweinefilet besteht aus drei Teilen: dem Filetkopf, der sowohl in Medaillons geschnitten als auch geschnetzelt werden kann. Die Filetspitze bietet sich hauptsächlich für Geschnetzeltes an, während das große Mittelstück am Stück oder in Medaillons geschnitten zubereitet werden kann. Das Filet gehört zu den magersten Stücken vom Schwein und muss deshalb mit besonderer Sorgfalt gegart werden, d. h. bei milder Hitze und nur so lange wie unbedingt nötig. Auch das Geschnetzelte wird nur ganz kurz angebraten, bis die Oberfläche versiegelt ist. Es zieht später in der Sauce wenige Minuten saftig durch.

Schweinegeschnetzeltes zubereiten

600 g geschnetzeltes Schweinefilet portionsweise in einer Pfanne in 1 bis 2 EL Öl braun anbraten und wieder herausnehmen.

Den Bratensatz mit 2 cl Cognac
und 80 ml Rotwein ablöschen
und die Flüssigkeit auf ein Drittel einköcheln lassen.

Anschließend 400 ml Kalbsfond
dazugießen und auf die Hälfte
einköcheln lassen.

100 g Sahne unter die Sauce
rühren. 1 gestr. TL Speisestärke
mit kaltem Wasser anrühren
und die Sauce damit binden.

1 TL scharfen Senf, 1 Streifen
unbehandelte Zitronenschale,
1/2 Knoblauchzehe und 1 Scheibe
Ingwer darin kurz ziehen lassen.

Die ganzen Gewürze entfernen,
das angebratene Fleisch in die
Sauce geben und kurz ziehen
lassen. Mit Chilisalz würzen.

Schweinefilet-Mittelstück zubereiten

Das Mittelstück in einer Pfanne
in etwas Öl rundum anbraten.
Dabei auch die Seiten anbraten.

Das angebratene Stück auf das
Ofengitter legen, darunter ein
Abtropfblech schieben. Fleisch
bei 100 °C etwa 40 Minuten
rosa braten. In einer Pfanne
etwas braune Butter (siehe
S. 96) erhitzen.

Fleisch bei milder Hitze darin
wenden. Je 2 Streifen unbehandelte Zitronen- und Orangenschale, 1 bis 2 Knoblauchzehen
(in Scheiben), 3 bis 4 Scheiben
Ingwer, Chilisalz und Petersilie
dazugeben.

Küchengeheimnis Saucen

Bei Braten und Schmorgerichten entsteht Sauce in der Regel mehr oder weniger von selbst. Natürlich kann man aber auch Grundsaucen unabhängig von einem Gericht zubereiten. Die Basis sind klein gehackte Knochen einer oder mehrerer Fleischsorten, die zunächst geröstet und dann mit anderen Zutaten gekocht werden. Nach dem Abgießen wird die Sauce eingekocht und gebunden, erst danach gesalzen und gewürzt. Der Klassiker ist die Sauce aus Kalbsknochen, man kann das Saucenrezept aber auch wunderbar mit anderen Fleischknochen, z.B. Lamm-, Reh- oder anderen Wildknochen, abwandeln. Die fertige Sauce wird mit passenden Gewürzen aromatisiert. Sie können alle Saucen auch auf Vorrat herstellen und im Tiefkühlfach aufbewahren. So haben Sie immer Sauce parat für kurz gebratenes Fleisch, bei dessen Zubereitung keine oder kaum Sauce entsteht.

Braune Butter herstellen

1 Für etwa 200 g braune Butter 1 Päckchen Butter (250 g) in einen Topf geben. Nach Belieben etwas zerkleinern.

2 Die Butter bei milder Hitze langsam zerlassen. Dann etwa 10 Minuten köcheln lassen, bis sie goldbraun ist.

3 Ein Sieb mit Küchenpapier auslegen. Die Butter schöpflöffelweise in das Sieb gießen und in einer Schüssel auffangen.

4 Die braune Butter abkühlen lassen und in ein gut verschließbares Glas füllen. Im Kühlschrank hält sie sich etwa 8 Wochen.

Braune Butter schmeckt nussig und ist eine ausgezeichnete Grundlage für warme Gewürzbutter. Durch Ingwerscheiben, Knoblauchscheiben, Zitronen- und Orangenschale sowie mildes Chilisalz erhält warme braune Butter eine mediterrane Note. Ihr Aroma geht eher ins Arabische, wenn weniger Zitrusschale und stattdessen Zimtrinde, einige grüne Kardamomkapseln und eine ausgekratzte Vanilleschote einige Minuten in der Butter ziehen. Auch aromatisierte Butter hält sich mehrere Wochen im Kühlschrank. Man kann sie aber auch schnell herstellen, sofern man braune Butter im Vorrat hat: Diese in einer beschichteten Pfanne erwärmen und nach Wunsch würzen. Gewürzbutter schmeckt auch als feine schnelle Sauce.

Kalbssauce – Grundrezept

Den Backofen auf 200 °C vorheizen. 1 1/2 kg Kalbsknochen mit dem Küchenbeil klein hacken. Auf einem Backblech 30 bis 45 Minuten bräunen.

3 Zwiebeln, 1 Karotte und 150 g Knollensellerie schälen und in etwa 1 1/2 cm große Würfel schneiden.

In einem Topf bei mittlerer Hitze 2 TL Puderzucker hell karamellisieren. 1 bis 2 EL Tomatenmark unterrühren und rösten.

Mit 100 ml Rotwein ablöschen und sämig einkochen lassen. 200 ml Rotwein auf zwei Mal hinzufügen und jeweils einkochen lassen.

Die Gemüsewürfel in 1 EL Öl andünsten. Mit den Knochen in den Topf geben. Mit etwa 2 l schwach gesalzener Hühnerbrühe bedecken.

Alles knapp unter dem Siedepunkt 1 1/2 bis 2 Stunden ziehen lassen. Sauce durch ein Sieb gießen, auf die Hälfte einkochen. Je 200 ml Sauce mit 1 TL angerührter Stärke binden.

Saucenvariationen mit Lamm und Wild

Für Lammsauce Lammknochen verwenden oder Kalbs- und Lammknochen. Die eingekochte Sauce mit der Speisestärke binden und 2 Minuten köcheln lassen. Korianderkörner, Lavendelblüten, Chiliflocken, Knoblauchscheiben, unbehandelte Zitronenschale und Fenchelsamen hinzufügen. Etwa 10 Minuten ziehen lassen.

Für Wildsauce Wildknochen verwenden oder Kalbs- und Wildknochen. Die mit Speisestärke gebundene Sauce 2 Minuten köcheln lassen. Piment, Gewürznelke, Zimtrinde, Lorbeerblatt, Wacholderbeeren, unbehandelte Orangenschale, geschrotete Kakaobohnen oder dunkle Schokolade hinzufügen. Etwa 10 Minuten ziehen lassen.

Für Sauce zu Rinderfiletsteak die eingekochte Kalbssauce mit Speisestärke binden und etwa 2 Minuten köcheln lassen. Unbehandelte Limettenschale, Zimt, Ingwer, Knoblauch und Vanilleschote 10 Minuten ziehen lassen. Bratensatz der Steaks mit 1 TL Puderzucker bestäuben und mit 50 ml Rotwein ablöschen. Sauce damit verfeinern.

Küchengeheimnis Salz & Pfeffer

Echter Pfeffer ist bei uns in drei Sorten auf dem Markt: schwarzer, weißer und grüner Pfeffer. Sie unterscheiden sich in Aussehen, Duft und Geschmack; alle stammen zwar von der gleichen Pflanzenart, werden aber zu verschiedenen Zeitpunkten geerntet und mit unterschiedlichen Methoden veredelt. Weißer Pfeffer kommt in meiner Küche nicht zum Einsatz, ich bevorzuge die anderen Sorten. Langer Pfeffer und Kubebenpfeffer

sind mit dem echten Pfeffer verwandt. Einige Sorten wie Sichuanpfeffer oder Rosa Pfefferbeeren stammen von anderen Pflanzenarten und gehören nicht zu den echten Pfeffersorten. Jeder Pfeffer schmeckt am aromatischsten, wenn er frisch gemahlen oder gemörsert wird. Die verschiedenen Sorten können ausgezeichnet gemischt werden. Als Einzelgewürz eignen sich vor allem schwarzer und Langer Pfeffer.

Gewürzsalz herstellen

1

Je 1 TL schwarze Pfefferkörner, zerkleinerten Langen Pfeffer, Pimentkörner, Kubebenpfeffer und Sichuanpfeffer mischen.

2

Diese Gewürzmischung in eine Gewürzmühle füllen.

3

1 unbehandelte Zitronenhälfte waschen, trocken reiben und die Schale fein abreiben. Mit 2 EL Fleur de Sel mischen.

4

Etwas Gewürzmischung aus der Mühle mit dem Zitronensalz mischen. Das Gewürzsalz passt z.B. zu Roastbeef (siehe S. 112).

Gewürzsalze können Sie ganz leicht selbst herstellen. Wichtig ist dabei vor allem, dass man keine oder nur wenig feuchtigkeitshaltigen Gewürze verwendet, damit das Salz körnig bleibt. Je nach geschmacklicher Vorliebe können die unterschiedlichsten Salze genommen werden. Da das Gewürzsalz nach der Zubereitung direkt verwendet wird und nicht mehr in eine Mühle kommt, sollte grobes Salz vorab fein gemahlen werden; oder man verwendet gleich feinkristalline Salzsorten, die sich leicht zerreiben lassen, wie Fleur de Sel oder Pyramidensalz. Damit die beigemischten Gewürze nicht verbrennen, wird Gewürzsalz in der Regel erst beim Anrichten auf das jeweilige Gericht gestreut.

Warenkunde Salz

Deutsches Steinsalz entstand vor Jahrmillionen, als Meere austrockneten. Es ist rein und nicht raffiniert.

Indisches Pyramidensalz ist Meersalz aus dem Indischen Ozean; die Kristalle sind pyramidenförmig. Es gehört zu den wahren Feinschmeckersalzen.

Das naturbelassene Inka-Sonnensalz wird in Peru aus einer salzhaltigen Quelle in über 3000 Meter Höhe gewonnen.

Warenkunde Pfeffer

Schwarzer Pfeffer wird kurz vor der Reife geerntet und hat eine reine, warme Schärfe und ein kräftiges Aroma. Die Körner immer frisch mahlen!

Für grünen Pfeffer werden unreife Beeren geerntet und anschließend eingelegt oder gefriergetrocknet. Die Schärfe ist erfrischend und kräftig.

Weißer Pfeffer wird vollreif geerntet; nach dem Entfernen von Haut und Fruchtfleisch bleibt der weiße Kern übrig. Er schmeckt weniger fruchtig.

Kubebenpfeffer hat einen sehr prägnanten Eigengeschmack und eignet sich eher für Gewürzmischungen; er muss vorsichtig dosiert werden.

Langer Pfeffer ist eng mit echtem Pfeffer verwandt, enthält aber mehr Piperin. Sobald man die Stangen zerkleinert, setzen sie eine kräftige Schärfe frei.

Sichuanpfeffer ist zwar botanisch kein Pfeffer, wird aber wie dieser verwendet. Er hat eine Zitrusnote und lässt sich mit anderem Pfeffer kombinieren.

Krautwickerl
mit Kartoffelstampf

Zutaten für 4 Personen
Für die Krautwickerl:

4 große Weißkohlblätter
50 g Toastbrot
100 ml Milch
2 Zwiebeln
200 g Kalbshackfleisch
200 g Schweinehackfleisch
1 Ei · 1 TL scharfer Senf
abgeriebene Schale von
1/2 unbehandelten Zitrone
Salz · Pfeffer aus der Mühle
getrockneter Majoran
Chiliflocken
frisch geriebene Muskatnuss
1 EL Petersilie
(frisch geschnitten)
1 Stück Zimtrinde
1 EL braune Butter (siehe S. 96)
80 g Knollensellerie
1/2 Karotte · 1 TL Puderzucker
1 EL Tomatenmark
150 ml Rotwein
1/4 l Hühnerbrühe

Für den Kartoffelstampf:

1 kg mehligkochende Kartoffeln
1/2 l Gemüsebrühe
1 getrocknete rote Chilischote
1 Lorbeerblatt · 200 ml Milch
2 EL flüssige braune Butter
(siehe S. 96)
abgeriebene Schale von
1/2 unbehandelten Zitrone
rot-grünes Chilisalz mit Vanille
frisch geriebene Muskatnuss

1 Für die Krautwickerl die abgelösten Kohlblätter (siehe Seite 14) trocken tupfen und die dicken Blattrippen aus der Mitte herausschneiden. Je 2 halbe Blätter auf einem Küchentuch leicht übereinanderlegen, mit einem Küchentuch bedecken und mit dem Nudelholz flach rollen.

2 Das Toastbrot entrinden, in Würfel schneiden und in der Milch einweichen. 1 Zwiebel schälen, in feine Würfel schneiden und 2 Minuten kochen. Beide Hackfleischsorten mit dem eingeweichten Brot, Zwiebel, Ei, Senf und Zitronenschale gut mischen. Mit Salz, Pfeffer, Majoran und je 1 Prise Chiliflocken, Muskatnuss und Petersilie würzen. Etwas Zimt darüberreiben.

3 Je ein Viertel der Füllung auf ein Kohlblatt setzen. Die Längsseiten der Blätter einschlagen und die Blätter von der schmalen Seite her aufrollen. Mit Küchengarn festbinden. Die braune Butter in einer Pfanne erhitzen und die Krautwickerl darin rundum anbraten.

4 Die zweite Zwiebel, den Sellerie und die Karotte schälen und in 1/2 cm kleine Würfel schneiden. Den Puderzucker in einem Schmortopf bei mittlerer Temperatur hell karamellisieren. Das Gemüse dazugeben und darin andünsten. Das Tomatenmark hinzufügen und kurz mitrösten. Mit einem Drittel des Weins ablöschen und sämig einkochen lassen. Den übrigen Wein auf zwei Mal hinzufügen und jeweils einkochen lassen. Die Brühe dazugießen, die Krautwickerl hineinlegen und knapp unter dem Siedepunkt bei halb aufgelegtem Deckel etwa 45 Minuten ziehen lassen.

5 Für den Kartoffelstampf die Kartoffeln schälen, waschen und in etwa 1 cm große Würfel schneiden. In der Brühe mit der Chilischote und dem Lorbeerblatt weich garen. In ein Sieb abgießen und gut abtropfen lassen, die ganzen Gewürze entfernen. Die Milch erhitzen und mit der braunen Butter zu den Kartoffeln geben. Die Kartoffeln mit dem Kartoffelstampfer zerdrücken und mit Zitronenschale, rot-grünem Chilisalz und Muskatnuss würzen. (Der Kartoffelstampf kann anstatt mit brauner Butter auch mit Olivenöl oder Walnussöl zubereitet werden. Durch die Zugabe von Senf erhält man ein Senfpüree.) Krautwickerl mit dem Kartoffelstampf auf vorgewärmten Tellern anrichten.

Das *Geheimnis* der Krauthülle

» Damit die Kohlblätter geschmeidig werden und sich gut formen lassen, gart man sie vor. Anschließend rolle ich sie zwischen zwei Küchentüchern mit dem Nudelholz aus. Das macht sie noch weicher und gleichzeitig dünner, sodass sie sich leicht um die Füllung wickeln lassen. «

  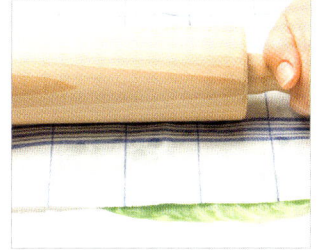 

Die harte Blattrippe entfernen, damit sich die Päckchen gut wickeln lassen und das Kraut beim Schmoren gleichmäßig gar wird.	2 Blatthälften leicht überlappend aufeinanderlegen, damit man ein entsprechend großes Blatt zum Einwickeln erhält.	Beim Ausrollen zwischen Küchentüchern werden die überlappenden Blattränder zusammengepresst und haften besser aneinander.	Die gefüllten Krautpäckchen mit Küchengarn umwickeln, damit sie beim Anbraten und Schmoren in Form bleiben.

Chili con Carne
mit Schokoladen-Chili

Zutaten für 4 Personen

600 g Rindfleisch (aus der Keule;
oder Rinderhackfleisch)
1 große Zwiebel
1 EL Öl
2 EL Tomatenmark
200 g stückige Tomaten
(aus der Dose)
800 ml Hühnerbrühe
2 Knoblauchzehen
1 EL Chili-con-Carne-Gewürz-
mischung (aus dem Gewürzladen
oder selbst gemacht, siehe S. 103)
2 Scheiben Ingwer
Salz
200 g Kidneybohnen
(aus der Dose)
1 rote Paprikaschote
150 g Zucchini
1–2 EL Olivenöl
5 Lorbeerblätter
Chilisalz
4 frische milde rote Chilischoten
etwas geschmolzene Zartbitterschokolade

1 Das Rindfleisch in etwa 1/2 cm große Würfel schneiden. Die Zwiebel schälen und in feine Würfel schneiden. Das Öl in einem Topf erhitzen und die Fleischwürfel darin portionsweise bei mittlerer Hitze rundum anbraten. Alles Fleisch wieder in den Topf geben, die Zwiebel hinzufügen und mitbraten. Das Tomatenmark dazugeben und kurz anrösten. Die Dosentomaten und die Brühe hinzufügen und alles bei bei milder Hitze 1 1/2 Stunden leicht köcheln lassen.

2 Den Knoblauch schälen, 1 Zehe in Scheiben schneiden, die andere halbieren. 10 Minuten vor Ende der Garzeit Chili-con-Carne-Gewürz, Knoblauch- und Ingwerscheiben dazugeben und den Eintopf mit Salz würzen.

3 Die Bohnen in ein Sieb abgießen, kalt abbrausen und abtropfen lassen. Die Paprikaschote längs halbieren, entkernen und mit dem Sparschäler schälen. Die Paprikahälften in etwa 1/2 cm große Würfel schneiden. Die Zucchini putzen, waschen und ebenfalls in etwa 1/2 cm große Würfel schneiden. Den restlichen Knoblauch schälen und halbieren. Das Olivenöl in einer Pfanne erhitzen, Paprika- und Zucchiniwürfel darin bei milder Hitze andünsten. Den Knoblauch und 1 Lorbeerblatt dazugeben und kurz mitgaren. Zuletzt die Kidneybohnen hinzufügen und erwärmen. Mit Chilisalz abschmecken.

4 Die Chilischoten waschen, trocken tupfen und je zur Hälfte in die geschmolzene Schokolade tauchen. Die Chilischoten trocknen lassen (wer es nicht so scharf mag, kann auch halbierte entkernte Chilischoten in die Schokolade tauchen).

5 Den Rindfleischeintopf auf vorgewärmte tiefe Teller oder Schalen verteilen und das Bohnengemüse darauf anrichten. Mit je 1 Lorbeerblatt und 1 Schokoladen-Chilischote garnieren. Nach Belieben Limettenspalten dazu reichen.

Das *Geheimnis* der perfekten Würze

» Das Charakteristische an Chili con Carne ist seine feine Kreuzkümmel-note. Für selbst gemachtes Chiligewürz je ½ TL gemahlenen Kreuzkümmel, edelsüßes Paprikapulver, milde Chiliflocken, gemahlenen Koriander und je 1 Prise gemahlenen Kardamom und Fenchel mischen. «

Das Rindfleisch mit einem scharfen Messer in sehr kleine Würfel schneiden.

Das Fleisch portionsweise anbraten, damit der Topf stets heiß genug bleibt – das verhindert, dass Fleischsaft austritt.

Das Tomatenmark unter das angebratene Fleisch rühren und nur ganz kurz anrösten, damit es fruchtig bleibt.

Erst 10 Minuten vor Garzeitende die Gewürze in das Chili rühren – so entwickeln sie ihren vollen Geschmack und verkochen nicht.

Altmünchner Zwiebelfleisch
mit Wurzelgemüse

Zutaten für 4 Personen
Für das Zwiebelfleisch:
1 EL Öl
1 flache Kalbsschulter
(ca. 1 kg)
4 Zwiebeln
2 Lorbeerblätter
2 Gewürznelken
je 1 TL Wacholderbeeren,
schwarze Pfeffer-, Koriander-,
Piment- und Senfkörner
1 Karotte
100 g Knollensellerie
100 g Lauch
1 EL braune Butter (siehe S. 96)
80 ml Weißwein
2 TL Sahnemeerrettich
1–2 TL Dijonsenf
1 EL Butter
Chilisalz · Salz

Außerdem:
1/2 Bund Schnittlauch
rot-grünes Chilisalz mit Vanille

1 Für das Zwiebelfleisch das Öl in einer Pfanne erhitzen und die Kalbsschulter darin bei mittlerer Hitze rundum anbraten, herausnehmen. 1 Zwiebel schälen und die Lorbeerblätter mit den Gewürznelken darauf feststecken. In einem großen Topf Wasser erhitzen, das angebratene Fleisch mit der gespickten Zwiebel hineinlegen (das Fleisch sollte mit Wasser bedeckt sein) und knapp unter dem Siedepunkt etwa 2 Stunden ziehen lassen.

2 Wacholderbeeren, Pfeffer-, Koriander-, Piment- und Senfkörner in einen Einwegteebeutel füllen und den Beutel verschließen. Etwa 30 Minuten vor Ende der Garzeit zum Fleisch geben.

3 Die restlichen Zwiebeln schälen, die Karotte und den Sellerie putzen und ebenfalls schälen, den Lauch putzen und waschen. Alle Gemüse in feine Streifen schneiden.

4 Die braune Butter in einem Topf erhitzen und die Zwiebeln darin bei mittlerer Hitze andünsten. Mit dem Wein ablöschen und einköcheln lassen. Karotten-, Sellerie- und Lauchstreifen hinzufügen und kurz mitdünsten. Von dem Fleischsud 350 bis 400 ml abnehmen, zum Gemüse in den Topf geben und das Gemüse bei milder Hitze etwa 10 Minuten ziehen lassen. Das Gemüse in ein Sieb abgießen, wieder in den Topf geben und warm halten. Den Gemüsefond für die Sauce beiseitestellen.

5 Den beiseitegestellten Fond in einen Topf geben. Den Sahnemeerrettich, den Senf und die Butter dazugeben und mit dem Stabmixer schaumig aufschlagen. Mit Chilisalz und Salz abschmecken.

6 Den Schnittlauch waschen und trocken schütteln, in 1 1/2 cm breite Stücke schneiden und unter das Gemüse heben. Das Fleisch aus dem Sud heben (den Sud anderweitig verwenden), in Scheiben schneiden und in vorgewärmte tiefe Teller geben. Die Sauce nochmals aufmixen und um das Fleisch herum verteilen. Das Wurzelgemüse auf dem Fleisch anrichten, mit rot-grünem Chilisalz würzen. Als Beilage dazu passen z. B. Safrankartoffeln (siehe Seite 108).

Das *Geheimnis* des sanften Garens

» Das Fleisch bleibt besonders saftig, wenn man es am Siedepunkt
ziehen lässt und nicht kocht. Nach 1½ Stunden prüft man erstmals,
ob es gar ist. Dazu nimmt man es heraus und sticht mit einer
Fleischgabel hinein – tritt leicht klarer Saft aus, ist das Fleisch gar. «

Die Lorbeerblätter mit den Gewürznelken auf der Zwiebel feststecken. So kann man später alles mit einem Handgriff entfernen.

Das Anbraten verleiht dem Fleisch Farbe und Geschmack – beides wird später beim Garen auch an die Brühe abgegeben.

Den Teebeutel mit den Gewürzen erst 30 Minuten vor Garzeitende in die Brühe legen, damit sich die Aromen optimal entfalten.

Vom Fleischsud 350 bis 400 ml abnehmen und zum Wurzelgemüse in den Topf geben. Das Gemüse darin gar dünsten.

Böfflamott
mit grünem Spargel und Kartoffeln

Zutaten für 4 Personen
Für das Böfflamott:

2 Zwiebeln
100 g Knollensellerie
1 kleine Karotte
1 EL Öl
1 1/2 kg flache Rinderschulter
(Schaufelbug)
1 l Hühnerbrühe
1 EL Puderzucker
1 EL Tomatenmark
5 EL Weinbrand
350 ml kräftiger Rotwein
1 kleine Zimtrinde
2–3 Lorbeerblätter
1–2 TL schwarze Pfefferkörner
1–2 TL Pimentkörner
6–8 Wacholderbeeren
1–2 Knoblauchzehen (in Scheiben)
2 Scheiben Ingwer
geschrotete Kakaobohnen
2 EL milder Aceto balsamico
Chiliflocken · Salz

Für das Gemüse:

500 g kleine festkochende
Kartoffeln
Salz · 1 EL ganzer Kümmel
1 Lorbeerblatt · 12 Mini-Karotten
8 Stangen grüner Spargel
8 Frühlingszwiebeln
1 Knoblauchzehe (in Scheiben)
1 Scheibe Ingwer
1 Stück ausgekratzte
Vanilleschote
2 EL braune Butter (siehe S. 96)
Pfeffer aus der Mühle
getrockneter Majoran

1 Für das Böfflamott die Zwiebeln schälen, den Sellerie und die Karotte putzen und schälen. Alles in 1/2 bis 1 cm große Würfel schneiden.

2 Das Öl in einer Pfanne erhitzen und die Rinderschulter darin bei mittlerer Hitze rundum anbraten, herausnehmen. Den Bratensatz mit etwas Brühe ablöschen und die Pfanne vom Herd nehmen. Den Puderzucker in einen großen Topf stäuben und hell karamellisieren. Das Tomatenmark unterrühren und kurz anrösten. Mit dem Weinbrand und gut 100 ml Wein ablöschen und sämig einköcheln lassen. Den übrigen Wein auf zwei Mal hinzufügen und jeweils sämig einköcheln lassen.

3 Das Gemüse hinzufügen und kurz mitgaren. Die Rinderschulter daraufsetzen, den gelösten Bratensatz und so viel Brühe dazugeben, dass das Fleisch bedeckt ist. Das Fleisch zugedeckt bei milder Hitze etwa 3 1/2 Stunden weich schmoren, dabei gelegentlich wenden. Nach 3 Stunden Zimtrinde, Lorbeerblätter, Pfeffer- und Pimentkörner, Wacholderbeeren, Knoblauch, Ingwer und 1 Prise geschrotete Kakaobohnen dazugeben (anstatt der Kakaobohnen kann am Ende der Garzeit auch ein Stück Bitterschokolade dazugegeben werden). Die Sauce am Ende der Garzeit mit Essig, Chiliflocken und Salz abschmecken.

4 Inzwischen für das Gemüse die Kartoffeln waschen und in Salzwasser mit 1 TL Kümmel und dem Lorbeerblatt weich garen. Die Karotten vorsichtig schälen. Den Spargel waschen, nur im unteren Drittel schälen und die holzigen Enden entfernen. Die Stangen schräg halbieren. Die Frühlingszwiebeln putzen, waschen und ebenfalls schräg halbieren.

5 Die Karotten und den Spargel in kochendem Salzwasser etwa 3 Minuten blanchieren, die Frühlingszwiebeln nach etwa 2 Minuten dazugeben. In ein Sieb abgießen, abtropfen lassen und in einer Pfanne ohne Fett erhitzen. Knoblauch, Ingwer, Vanilleschote und 1 EL braune Butter dazugeben und das Gemüse mit Salz und Pfeffer würzen.

6 Die Kartoffeln abgießen, kurz ausdampfen lassen und halbieren. Die restliche braune Butter in einer Pfanne erhitzen und die Kartoffelhälften darin bei mittlerer Hitze rundum anbraten. Mit dem übrigen Kümmel, 1 Prise Majoran, Salz und Pfeffer würzen.

7 Das Fleisch aus der Schmorsauce nehmen und die Sauce durch ein Sieb gießen. Das Böfflamott in Scheiben schneiden und mit Gemüse, Kartoffeln und Sauce auf vorgewärmten Tellern anrichten.

Das *Geheimnis* des Schmorens

» Schmoren ist eine Kunst und bedeutet Geduld und milde Hitze.
Das Fleisch gart ganz langsam und schonend, die Sauce darf auf keinen
Fall kochen oder köcheln. Dafür wird man später mit herrlich
saftigem Fleisch und einer traumhaften Sauce belohnt. «

Die flache Schulter (auch Schaufelbug) eignet sich gut für Schmorgerichte, da dieses Stück besonders saftig gart.

Ein dunkler, kräftiger Rotwein verleiht der Schmorsauce nicht nur eine schöne Farbe, sondern auch ein intensives Aroma.

Kakaobohnen geben der Sauce eine feine Schokonote. Alternativ etwas Zartbitterschokolade zum Schluss in der Sauce schmelzen.

Das Fleisch ist nach dem Schmoren sehr weich, daher unbedingt mit einem scharfem Messer aufschneiden.

Rinderfiletsteak
mit Rotweinsauce

Zutaten für 4 Personen
Für die Safrankartoffeln:

600 g kleine festkochende
Kartoffeln
1 l Gemüsebrühe
1 Lorbeerblatt
1 getrocknete rote Chilischote
1 halbierte Knoblauchzehe
1 Prise Safranfäden

Für das Steak:

4 Rinderfiletsteaks (oder Kalbs-
filetsteaks; à 1 1/2–2 cm dick;
aus dem Mittelstück)
1 EL braune Butter (siehe S.96)
150 ml Rotwein
200 ml Kalbssauce (siehe S.97)
2–3 Scheiben Knoblauch
1 Scheibe Ingwer
1 Splitter Zimtrinde
1 Stück unbehandelte
Limettenschale
1 Stück ausgekratzte
Vanilleschote
Chilisalz
1–2 EL kalte Butter
Pfeffer aus der Mühle

1 Für die Safrankartoffeln die Kartoffeln schälen, waschen und in einem Topf in der Brühe mit Lorbeerblatt, Chilischote, Knoblauch und Safran weich garen.

2 Für das Steak die Rinderfiletsteaks mit dem Handballen etwas flach drücken. Die braune Butter in einer Pfanne erhitzen und die Steaks darin bei mittlerer Hitze 2 1/2 bis 3 Minuten anbraten, bis das Fleisch an der Oberfläche leicht zu schwitzen beginnt und sich nach oben wölbt. Die Steaks wenden, weitere 2 1/2 bis 3 Minuten braten, bis sich die Fleischscheiben wieder nach oben wölben und an der Oberfläche rötlicher Fleischsaft zu sehen ist (siehe Seite 93). Das Fleisch aus der Pfanne nehmen und auf einen vorgewärmten Teller legen.

3 Den Bratensatz in der Pfanne mit dem Wein und der Kalbssauce ablöschen. Knoblauch, Ingwer, Zimt, Limettenschale und Vanilleschote hinzufügen und etwas ziehen lassen. Die Sauce durch ein feines Sieb gießen, mit Chilisalz würzen und die kalte Butter unterrühren.

4 Die Kartoffeln abgießen. Die Steaks mit der Rotweinsauce und den Safrankartoffeln auf vorgewärmten Tellern anrichten. Pfeffer grob darübermahlen.

Das *Geheimnis* des perfekten Steaks

» Damit Rinderfiletsteaks schön saftig schmecken, sollten Sie sie rosa braten. Wichtig: Nur gut abgehangenes Fleisch wird richtig zart. Das Fleisch erst nach dem Braten würzen – Pfeffer würde beim Anbraten verbrennen und Salz den Fleischsaft herausziehen. «

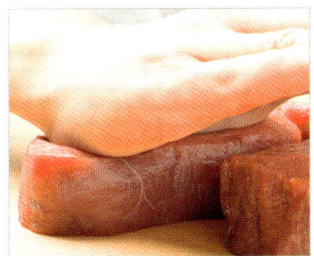

Filetsteaks werden nicht geklopft, sondern nur mit dem Handballen etwas flach gedrückt. So bleiben die Fleischfasern erhalten.

Die Steaks bei mittlerer Hitze auf einer Seite etwa 3 Minuten braten, bis sich Fleischsaftperlen an der Oberfläche bilden.

Bei mittlerer Brattemperatur bildet sich ein heller Bratensatz – diesen unbedingt ablöschen und für die Sauce verwenden.

Kalte Butter sorgt für eine leichte Bindung der Sauce. Sie wird zum Schluss untergerührt und gibt ihr eine feine Note.

Porterhousesteak
mit Country-Kartoffeln und Barbecuesauce

Zutaten für 4 Personen

Für die Countrykartoffeln und das Steak:

800 g festkochende Kartoffeln
Salz · 1 Lorbeerblatt
1 getrocknete rote Chilischote
5 EL Olivenöl · 1–2 EL Öl
2 Porterhousesteaks
(à ca. 800 g)
1 EL braune Butter (siehe S. 96)
1 Knoblauchzehe (in Scheiben)
3 kleine Zweige Rosmarin
mildes Chilisalz

Für die Barbecuesauce:

100 ml Ananassaft
100 ml Espresso
300 g Tomatenketchup · 1 EL Honig
1 TL geräuchertes Paprikapulver
(Piment La Vera picante)
10 g Rauchsalz aus der Mühle
Chiliflocken
1 Msp. abgeriebene unbehandelte
Orangenschale
1 Knoblauchzehe (in Scheiben)

Für die Kräuterbutter:

200 g weiche Butter
1 Schalotte · 1 TL scharfer Senf
je 2 EL Petersilie, Kerbel, Estragon und Basilikum (alles frisch geschnitten)
1 geriebene Knoblauchzehe
1 Msp. geriebener Ingwer
1/2 TL abgeriebene unbehandelte Zitronenschale
je 1 TL schwarze Pfefferkörner, Korianderkörner und Zimtsplitter
1/2 TL Anissamen · Chilisalz

1 Für die Countrykartoffeln den Backofen auf 180 °C vorheizen. Die Kartoffeln schälen, waschen und in etwa 1 1/2 cm große Würfel schneiden. In Salzwasser mit Lorbeerblatt und Chilischote 5 bis 10 Minuten garen. In ein Sieb abgießen und die Gewürze entfernen. Die Kartoffelwürfel auf ein mit Backpapier ausgelegtes Backblech geben, das Olivenöl darüberträufeln und mit den Kartoffelwürfeln mischen. Gleichmäßig auf dem Blech verteilen und im Ofen auf der mittleren Schiene etwa 25 Minuten goldbraun braten. Herausnehmen und warm halten.

2 Die Backofentemperatur auf 100 °C herunterschalten, auf die mittlere Schiene ein Ofengitter und darunter ein Abtropfblech schieben. Eine Pfanne erhitzen, mit einem Pinsel das Öl darin verteilen, Steaks hineinlegen und rundum anbraten. Auf das Ofengitter legen und die Steaks je nach Dicke und Knochenanteil knapp 1 Stunde rosa durchziehen lassen.

3 Für die Barbecuesauce den Ananassaft und den Espresso auf ein Viertel einköcheln lassen. Das Ketchup und den Honig dazugeben und glatt rühren. Die Sauce mit Paprikapulver, Rauchsalz, Chiliflocken und Orangenschale würzen und nochmals erwärmen. Den Knoblauch dazugeben und einige Minuten ziehen lassen, dann wieder entfernen.

4 Für die Kräuterbutter die Butter mit dem Schneebesen oder in der Küchenmaschine cremig aufschlagen. Die Schalotte schälen und in feine Würfel schneiden. Mit Senf, Kräutern, Knoblauch, Ingwer und Zitronenschale unter die Butter mischen. Pfeffer- und Korianderkörner, Zimtsplitter und Anissamen mischen und in eine Gewürzmühle füllen. Die Butter mit der Mischung aus der Mühle und mit Chilisalz würzen.

5 Kurz vor dem Servieren die braune Butter in einer Pfanne erhitzen und die Kartoffelwürfel darin bei mittlerer Hitze schwenken. Den Knoblauch und den gewaschenen Rosmarin dazugeben und die Country-Kartoffeln mit Chilisalz würzen.

6 In einer Pfanne 1 bis 2 EL Kräuterbutter zerlassen. Das Fleisch aus dem Ofen nehmen und in der Butter wenden. Die Steaks in Scheiben schneiden und mit den Country-Kartoffeln auf Tellern anrichten. Die Barbecuesauce und die restliche Kräuterbutter dazu servieren.

Das *Geheimnis* des saftigen Fleischs

» Zunächst brate ich das Steak in der Pfanne an – das verleiht ihm Farbe und Geschmack. Damit es zart und saftig bleibt, gare ich es dann im Backofen langsam bei sanfter Hitze. Ein abschließendes ›Bad‹ in einer frischen Kräuterbutter macht das saftige Steak unwiderstehlich. **«**

Wenig Öl am besten mit einem Pinsel gleichmäßig in der Pfanne verteilen – Steaks brauchen beim Anbraten kaum Fett.

Die dicken Steaks für perfekten Geschmack auf beiden Seiten und rundum an den Rändern kräftig anbraten.

Die Butter cremig rühren und mit den Kräutern und Gewürzen aromatisieren.

Die gegarten Steaks vor dem Anrichten kurz in der zerlassenen Kräuterbutter wenden – so bekommen sie eine frische Würze.

Roastbeef mit Bratkartoffeln
und Paprika-Mais-Remoulade

Zutaten für 4 Personen

Für die Bratkartoffeln:

1 kg festkochende Kartoffeln
Salz · 1 TL ganzer Kümmel
1 Zwiebel
1–2 EL braune Butter (siehe S. 96)
Pfeffer aus der Mühle
gemahlener Kümmel
1/2–1 TL getrockneter Majoran

Für das Roastbeef:

1–2 EL Öl · 1,2 kg Roastbeef
(Rinderrücken; ohne Sehnen,
Knochen und Fett)
je 1 TL Langer Pfeffer, schwarze
Pfefferkörner, Pimentkörner,
Kubebenpfeffer und
Sichuanpfeffer
2 EL Fleur de Sel
abgeriebene Schale von
1/2 unbehandelten Zitrone

Für die Remoulade:

1 rote Paprikaschote
2 hart gekochte Eier
1 kleine Essiggurke
1 EL Kapern
80 g Maiskörner (aus der Dose)
je 1 EL Petersilie, Kerbel und
Basilikum
1 TL Estragon
80 g saure Sahne
80 g Crème fraîche
1–2 EL Milch
1–2 TL scharfer Senf
1 TL Café-de-Paris-Gewürzmischung (aus dem Gewürzladen)
Chilisalz

1 Für die Bratkartoffeln die Kartoffeln waschen und in Salzwasser mit dem Kümmel weich garen. Abgießen, kurz ausdampfen lassen und noch heiß pellen. Mehrere Stunden auskühlen lassen.

2 Für das Roastbeef den Backofen auf 100 °C vorheizen. Ein Ofengitter auf die mittlere Schiene und darunter ein Abtropfblech schieben. Das Öl in einer Pfanne erhitzen und das Roastbeef darin bei mittlerer Hitze rundum anbraten. Herausnehmen und auf dem Gitter im Ofen etwa 2 Stunden rosa garen.

3 Für die Remoulade die Paprikaschote längs halbieren, entkernen und mit dem Sparschäler schälen. Die Paprikahälften in kleine Würfel schneiden. Die Eier pellen und ebenso wie die Essiggurke in kleine Würfel schneiden. Die Kapern grob hacken. Die Maiskörner auf einem Sieb abtropfen lassen. Die Kräuterblätter klein schneiden.

4 Die saure Sahne und die Creme fraîche mit der Milch glatt rühren. Paprikaschote, Eier, Essiggurke, Kapern und Senf unterrühren. Die Paprika-Mais-Remoulade mit etwas Café-de-Paris-Gewürzmischung und Chilisalz würzen. Zuletzt die Kräuter untermischen.

5 Die ausgekühlten Kartoffeln in etwa 1/2 cm dicke Scheiben schneiden. Die Zwiebel schälen und in feine Würfel schneiden. Die braune Butter in einer großen Pfanne erhitzen und die Kartoffeln darin bei milder Hitze auf einer Seite goldbraun anbraten. Wenden, die Zwiebelwürfel dazugeben und die Kartoffeln auf der zweiten Seite ebenfalls goldbraun braten. Mit Salz, Pfeffer, 1 Prise Kümmel und dem Majoran würzen.

6 Den Langen Pfeffer in kleine Stücke brechen, mit den anderen Pfeffersorten mischen und in eine Gewürzmühle füllen. Das Fleur de Sel mit der Zitronenschale mischen und etwas Pfeffermischung dazugeben. Das Roastbeef aus dem Ofen nehmen, in dünne Scheiben schneiden und auf Tellern anrichten. Mit dem Zitronen-Pfeffer-Salz bestreuen. Die Bratkartoffeln und die Paprika-Mais-Remoulade dazu servieren.

Das *Geheimnis* der optimalen Garzeit

>> Das Roastbeef ist schön rosa gegart, wenn es eine Kerntemperatur
von 56 bis 58 °C hat. Falls Sie kein Bratenthermometer besitzen,
sollten Sie es etwa 2 Stunden bei 100 °C garen. Hat das Fleisch eine
Fettschicht, braucht es etwas länger. <<

Das schonend bei 100 °C im Ofen gegarte Fleisch muss vor dem Anschneiden nicht mehr ruhen.

Das Fleisch rundum mit Zitronensalz würzen. Die Scheiben nach Belieben zusätzlich leicht damit bestreuen.

Die Kartoffeln vollständig auskühlen lassen – so kann man sie gut schneiden und sie behalten beim Schneiden und Braten ihre Form.

Die Kartoffeln in so wenig brauner Butter wie nötig braten. Festkochende Kartoffelsorten saugen weniger Fett auf.

Tafelspitz
mit Bratkartoffeln und Kressesauce

Zutaten für 4 Personen
Für den Tafelspitz:
2 EL Öl
1,2 kg Kalbstafelspitz
1 braunschalige Zwiebel
200 g Knollensellerie
2 Karotten
1 Petersilienwurzel
1 dünne Stange Lauch
5 Wacholderbeeren
3 Pimentkörner
1 TL schwarze Pfefferkörner
1 Knoblauchzehe (in Scheiben)
3 Lorbeerblätter

Für die Bratkartoffeln:
1 kg festkochende Kartoffeln
Salz · 1 TL ganzer Kümmel
1 Zwiebel
1 EL braune Butter (siehe S. 96)
Pfeffer aus der Mühle
gemahlener Kümmel
getrockneter Majoran

Für die Kressesauce:
1 mittelgroße Kartoffel (ca. 120 g)
2 Handvoll Brunnenkresseblätter
120 g Sahne
Salz · Pfeffer aus der Mühle
mildes Chilipulver
1 Msp. abgeriebene unbehandelte
Zitronenschale
frisch geriebene Muskatnuss

Außerdem:
1 kleiner Apfel
1/2 TL Puderzucker
2 EL flüssige braune Butter
Chilisalz · 1 Stück frische
Meerrettichwurzel

1 Für den Tafelspitz das Öl in einer Pfanne erhitzen und den Tafelspitz darin bei mittlerer Hitze rundum anbraten. Herausnehmen und in einen mit etwa 3 l Wasser gefüllten Topf geben, sodass das Fleisch gut bedeckt ist. Den Tafelspitz bei milder Hitze knapp unter dem Siedepunkt 3 Stunden mehr ziehen als kochen lassen, bis das Fleisch weich ist. Den dabei aufsteigenden Schaum abschöpfen.

2 Die Zwiebel ungeschält halbieren und die Schnittflächen in einer Pfanne ohne Fett dunkel rösten. Sellerie, Karotten und Petersilienwurzel putzen und schälen, Lauch putzen und waschen. Gemüse in grobe Stücke schneiden und mit der Zwiebel nach 2 1/2 bis 2 3/4 Stunden in die Brühe geben. Die Gewürze ebenfalls hinzufügen und mitziehen lassen. Nach Ende der Garzeit das Gemüse herausnehmen und in etwa 2 cm große Stücke schneiden. Das Fleisch aus der Brühe nehmen und warm halten. Die Brühe durch ein feines Sieb gießen. 300 ml Brühe für die Sauce abmessen.

3 Inzwischen für die Bratkartoffeln die Kartoffeln waschen und in Salzwasser mit dem Kümmel weich garen. Abgießen, kurz ausdampfen lassen, noch heiß pellen und auskühlen lassen. Die Kartoffeln in etwa 1/2 cm dicke Scheiben schneiden. Die Zwiebel schälen und in feine Würfel schneiden. Die Kartoffeln in der braunen Butter in einer großen Pfanne bei milder Hitze auf einer Seite goldbraun anbraten. Wenden, die Zwiebel dazugeben und die Kartoffeln auf der zweiten Seite goldbraun braten. Mit Salz, Pfeffer, gemahlenem Kümmel und 1 Prise Majoran würzen.

4 Für die Kressesauce die Kartoffel schälen, waschen und in 1/2 cm große Würfel schneiden. In der abgemessenen Fleischbrühe knapp unter dem Siedepunkt 10 bis 15 Minuten weich garen. Die Brunnenkresse waschen und abtropfen lassen. Mit der Sahne, der Kartoffel und etwa 100 ml Brühe mit dem Stabmixer sämig pürieren. In einen kleinen Topf geben, erwärmen und mit Salz, Pfeffer, 1 Prise Chilipulver, Zitronenschale und Muskatnuss würzen.

5 Den Apfel waschen, vierteln und das Kerngehäuse entfernen. Die Apfelviertel in Spalten schneiden. Den Puderzucker in einer Pfanne bei mittlerer Hitze karamellisieren. 1 EL braune Butter hinzufügen und die Apfelspalten darin auf beiden Seiten kurz anbraten.

6 Die Kressesauce noch smal kurz aufmixen und auf vorgewärmte Teller verteilen. Das Fleisch in Scheiben schneiden, mit Gemüse und Apfelspalten auf der Sauce anrichten. Mit der restlichen braunen Butter beträufeln und mit 1 Prise Chilisalz würzen. Meerrettich darüberreiben.

Das *Geheimnis* des perfekten Tafelspitzes

» Tafelspitz brate ich vor dem Kochen an, das bringt Geschmack in die Suppe, und das Fleisch gart saftig. Damit die Suppe klar bleibt, darf der Tafelspitz nicht kochen, sondern nur am Siedepunkt ziehen. Austretendes Fett bildet ›Augen‹ an der Oberfläche, sie verstärken den Geschmack. «

Den Tafelspitz rundum anbraten. Nach Belieben das Fett am Fleisch vor dem Braten oder nach dem Kochen entfernen.

Den angebratenen Tafelspitz in einen großen, mit etwa 3 l Wasser gefüllten Topf geben. Das Fleisch sollte gut bedeckt sein.

Die ungeschälten Zwiebelhälften ohne Fett anbraten. Die Röststoffe und die Zwiebelschalen färben die Suppe zart goldgelb.

Das Gemüse zum Schluss in der Brühe gar ziehen lassen. So hat man gleich eine Beilage zum Tafelspitz.

Pfefferrostbraten
mit buntem Gemüse

Zutaten für 4 Personen
Für das Gemüse:

1 kleiner Kohlrabi
8 Mini-Karotten
1 kleiner Romanesco (ca. 500 g)
8 Frühlingszwiebeln · Salz
1 Knoblauchzehe (in Scheiben)
1 Scheibe Ingwer
1 Stück ausgekratzte
Vanilleschote
1 Msp. abgeriebene unbehandelte
Zitronenschale
Pfeffer aus der Mühle
1 EL Butter

Für den Pfefferrostbraten:
1 EL Öl · 4 Scheiben Rinderlende
(à ca. 1 cm dick)
2 Zwiebeln
1 TL schwarze Pfefferkörner
1 Stück Langer Pfeffer
5 Pimentkörner
5 Kubebenpfefferkörner
einige Fenchel- und Anissamen
2 cl Cognac
1 TL Puderzucker
1 EL Tomatenmark
150 ml Rotwein
1/2 l Hühnerbrühe · 80 g Sahne
1 Lorbeerblatt
je 1 Msp. abgeriebene
unbehandelte Zitronen- und
Orangenschale
1 Knoblauchzehe (in Scheiben)
1 Scheibe Ingwer
2 TL Speisestärke

1 Für das Gemüse den Kohlrabi putzen, schälen, halbieren und in Spalten schneiden. Die Karotten vorsichtig schälen, den Romanesco putzen, waschen und in Röschen teilen. Die Frühlingszwiebeln putzen, waschen und schräg halbieren.

2 Kohlrabi, Karotten und Romanesco in kochendem Salzwasser etwa 3 Minuten blanchieren, die Frühlingszwiebeln nach 2 Minuten dazugeben. In ein Sieb abgießen und abtropfen lassen. Das Gemüse in einer Pfanne ohne Fett etwas erhitzen. Knoblauch, Ingwer, Vanille und Zitronenschale dazugeben und das Gemüse mit Salz und Pfeffer würzen. Zuletzt die Butter untermischen und das Gemüse warm halten.

3 Für den Pfefferrostbraten das Öl in einer Pfanne erhitzen und das Fleisch darin bei mittlerer Hitze etwa 2 Minuten anbraten, bis es an der Oberfläche leicht zu schwitzen beginnt und sich nach oben wölbt. Die Rinderlendenscheiben wenden, etwa 2 Minuten weiterbraten, bis sich die Fleischstücke wieder nach oben wölben und an der Oberfläche rötlicher Fleischsaft zu sehen ist. Das Fleisch aus der Pfanne nehmen und auf einen vorgewärmten Teller legen. Die Zwiebeln schälen und in feine Würfel schneiden.

4 Die Gewürze im verbliebenen Bratensatz in der Pfanne kurz erwärmen. Mit dem Cognac ablöschen und flambieren. Die Zwiebeln dazugeben, den Puderzucker darüberstäuben und karamellisieren. Das Tomatenmark unterrühren und kurz anrösten. Mit dem Wein ablöschen und fast vollständig einköcheln lassen. Die Brühe und die Sahne dazugießen. Das Lorbeerblatt, die Zitronen- und Orangenschale, den Knoblauch und den Ingwer hinzufügen und einige Minuten ziehen lassen. Die Sauce nach Belieben mit Salz würzen.

5 Die Speisestärke mit etwas kaltem Wasser glatt rühren und in die köchelnde Sauce rühren, bis sie leicht sämig bindet. Die Sauce durch ein Sieb gießen und wieder erwärmen. Das Fleisch hineinlegen und in der Sauce 3 bis 4 Minuten ziehen lassen. Das Fleisch auf vorgewärmte Teller geben und die Sauce darauf verteilen. Das Gemüse daneben anrichten.

Das *Geheimnis* des Pfefferaromas

» Die Basis meiner Pfeffermischung ist schwarzer Pfeffer, er ist nicht dominant. Die anderen Sorten dosiere ich vorsichtig, wobei ich weißen Pfeffer meide, da er eine ›muffige‹ Note hat. Beim Anrösten entwickeln die Körner ihr volles Aroma – man sollte sie dann sofort verwenden. «

Die Gewürze bei milder Hitze anrösten – dabei bilden sich Aromastoffe. Bei zu starker Hitze verbrennen die Gewürze.

Die Gewürze mit Cognac ablöschen – das sorgt für zusätzliches Aroma. Der Alkohol verdampft.

Den Rotwein einkochen lassen, erst dann die Brühe angießen. Die Sauce erhält so neben Aroma eine kräftige Farbe.

Nur einen Teil der angerührten Speisestärke in die Sauce geben. Falls sie bindet, die restliche Stärke nicht verwenden.

Kalbsrahmschnitzel
mit Champignongemüse

Zutaten für 4 Personen

4 Kalbsschnitzel
(aus der Oberschale)
Öl für die Folie
1 EL Öl
1 EL Cognac
100 ml Kalbsfond
(oder Gemüsebrühe)
80 g Sahne · 1 TL Dijonsenf
1 Lorbeerblatt
1 EL kalte Butter
Salz · Pfeffer aus der Mühle
abgeriebene Schale von
1/2 unbehandelten Zitrone
300 g Champignons
4 Frühlingszwiebeln
1 EL braune Butter (siehe S. 96)

1 Die Schnitzel zwischen zwei Lagen geölter Frischhaltefolie dünn klopfen. Das Öl in einer Pfanne erhitzen und die Schnitzel darin bei mittlerer Hitze auf beiden Seiten kurz anbraten. Das Fleisch aus der Pfanne nehmen und auf einen vorgewärmten Teller legen.

2 Den Bratensatz in der Pfanne mit dem Cognac und dem Fond ablöschen. Die Sahne, den Senf und das Lorbeerblatt dazugeben, kurz aufkochen lassen und einige Minuten ziehen lassen.

3 Die Butter unterrühren und die Sauce mit Salz, Pfeffer und 1 Msp. Zitronenschale würzen. Das Lorbeerblatt entfernen. Die Schnitzel wieder in die Sauce geben und ziehen lassen.

4 Die Champignons putzen, trocken säubern und in Scheiben schneiden. Die Frühlingszwiebeln putzen, waschen und in Ringe schneiden.

5 Die braune Butter in einer Pfanne erhitzen und die Pilze mit den Frühlingszwiebeln darin bei mittlerer Hitze kurz braten. Mit Salz, Pfeffer und der restlichen Zitronenschale würzen.

6 Das Gemüse in die Sauce geben und untermischen. Die Kalbsschnitzel mit dem Gemüse und der Sauce auf Tellern anrichten.

Das *Geheimnis* der Ruhe

» Besonders zart und saftig werden die Schnitzel, wenn Sie sie nach kurzem Anbraten in der Sauce ziehen lassen – das Fleisch gibt der Sauce zusätzlich Geschmack. In der Zwischenzeit können Sie die Frühlingszwiebeln und die Champignons anbraten und so alles in Ruhe fertigstellen. «

Die Schnitzel zwischen Frischhaltefolien mit dem glatten Plattiereisen dünn klopfen. So werden die Fleischfasern nicht zerstört.

Die Schnitzel in so wenig Öl wie nötig auf beiden Seiten anbraten. Das Fett nach Belieben anschließend aus der Pfanne tupfen.

Den Bratensatz mit Cognac ablöschen. Der Alkohol verkocht dabei, und die Aromen werden intensiviert.

Die Schnitzel wieder in die Sauce geben und kurz darin ziehen lassen – so bleiben sie warm, zart und saftig.

Feiner Spanferkelrücken
mit Paprika-Lavendel-Gemüse

Zutaten für 4 Personen
Für den Spanferkelrücken:
400 ml Hühnerbrühe
1 getrocknete rote Chilischote
1 Knoblauchzehe (in Scheiben)
2 Lorbeerblätter
1 Zweig Thymian
1 kg Spanferkelrücken
(5–6 cm dick; mit Rippenknochen, ohne Rückgrat)
Öl zum Braten

**Für das Paprika-
Lavendel-Gemüse:**
1 Zwiebel
je 1 kleine rote und gelbe (oder orangefarbene) Paprikaschote
1 kleiner Zucchino
2 Tomaten
1 EL Öl
1 EL Tomatenmark
150 ml Gemüsebrühe
2 Scheiben Knoblauch
Pfeffer aus der Mühle
Lavendelsalz
(aus dem Gewürzladen)
1 Msp. abgeriebene unbehandelte Orangenschale

Für die Lavendelbutter:
4 EL braune Butter (siehe S. 96)
Lavendelsalz
Chilisalz

1 Den Backofen auf 160 °C vorheizen. Ein Ofengitter auf die mittlere Schiene und darunter ein Abtropfblech schieben.

2 Die Brühe in einer tiefen Pfanne erhitzen, Chilischote, Knoblauch, Lorbeerblätter und gewaschenen Thymian dazugeben. Den Spanferkelrücken mit der Schwarte nach unten in die Brühe legen und am Siedepunkt 10 Minuten ziehen lassen.

3 Den Spanferkelrücken aus der Pfanne nehmen und die Schwarte nicht zu tief parallel zu den Kochen einritzen. In der Pfanne 1 bis 1 1/2 cm hoch Öl erhitzen. Den Spanferkelrücken mit der Schwarte nach unten in das Öl geben und mit einem Spritzschutz zugedeckt bei mittlerer Hitze etwa 10 Minuten kross braten. Das Fleisch in der Pfanne wenden und kurz auf der zweiten Seite braten. Den Spanferkelrücken aus der Pfanne nehmen und auf dem Gitter im Ofen etwa 30 Minuten garen.

4 Inzwischen für das Paprika-Lavendel-Gemüse die Zwiebel schälen und in 1 bis 2 cm große Rauten schneiden. Die Paprikaschoten längs halbieren, entkernen und mit dem Sparschäler schälen. Die Paprikahälften in 1 bis 2 cm große Rauten schneiden. Den Zucchino putzen, waschen, längs halbieren und in 1/2 cm breite Stücke schneiden. Die Tomaten kreuzweise einritzen, überbrühen, kalt abschrecken, häuten, vierteln und entkernen. Die Tomatenfilets vierteln.

5 Das Öl in einer Pfanne erhitzen und Zwiebel und Paprikaschoten darin bei mittlerer Hitze andünsten. Das Tomatenmark dazugeben und kurz anrösten. Mit der Brühe ablöschen. Knoblauch, Tomaten und Zucchinistücke dazugeben, erhitzen und einige Minuten ziehen lassen. Das Gemüse mit Pfeffer, Lavendelsalz und Orangenschale würzen.

6 Für die Lavendelbutter die braune Butter in einem Topf leicht erhitzen und mit Lavendelsalz würzen. Den Spanferkelrücken aus dem Ofen nehmen, die Kruste mit einem Pinsel mit der Lavendelbutter bestreichen und mit Chilisalz würzen.

7 Den Spanferkelrücken mit einem Sägemesser in Scheiben schneiden und nochmals mit Lavendelbutter bestreichen. Das Paprika-Lavendel-Gemüse auf vorgewärmten Tellern verteilen, je 3 Scheiben Spanferkelrücken auf dem Gemüse anrichten und mit Lavendelsalz würzen.

Das *Geheimnis* der perfekten Kruste

» Die Kruste wird besonders kross, wenn Sie am Ende der Garzeit den Backofengrill dazuschalten und den Spanferkelrücken einige Minuten auf der unteren Schiene grillen. Die heiße Kruste gleich danach mit Lavendelbutter bestreichen – so zieht die Butter sehr gut ein. «

Die Schwarte mit einem Messer leicht einritzen. Nach dem Andünsten in der Brühe lässt sie sich besonders leicht schneiden.

Die Schwarte in der Pfanne anbraten. Da sie beim Andünsten Wasser aufgenommen hat, am besten mit Spritzschutz anbraten.

Den Rücken je nach Dicke 20 bis 30 Minuten im Ofen garen. Das Fleisch zieht in der Zeit saftig und gleichmäßig durch.

Kurz vor dem Anrichten die Kruste mit der Lavendelbutter bestreichen. So wird sie aromatisch und bleibt schön kross.

Schweinefilet
auf Gurkensalat mit Ingwer

Zutaten für 4 Personen
Für das Schweinefilet:
1 EL braune Butter (siehe S.96)
2 Schweinefilets (à ca. 300 g;
aus dem Mittelstück)

Für den eingelegten Ingwer:
200 g Ingwer
100 ml Reisessig
130 g Zucker · Salz

Für den Gurkensalat:
1 große Salatgurke
Zucker
Salz · Pfeffer aus der Mühle
3–4 EL Olivenöl
1 EL Dill (frisch geschnitten)

Für die Gewürzbuttermilch:
200 g Buttermilch
1 TL Dijonsenf
1 Msp. abgeriebene unbehandelte
Limettenschale
einige Tropfen Limettensaft
Salz · Pfeffer aus der Mühle
Zucker
je 1 TL Bockshornklee- und
Kardamomsamen
2 EL mildes Olivenöl

Außerdem:
3 EL braune Butter
mildes Chilisalz
1 EL Dillspitzen

1 Für das Schweinefilet den Backofen auf 100 °C vorheizen. Ein Ofengitter auf die mittlere Schiene und darunter ein Abtropfblech schieben.

2 Die braune Butter in einer Pfanne erhitzen und das Schweinefilet darin bei mittlerer Hitze rundum anbraten. Aus der Pfanne nehmen und auf dem Gitter im Ofen etwa 45 Minuten rosa durchziehen lassen.

3 Für den eingelegten Ingwer den Ingwer schälen und auf dem Gemüsehobel in feine Scheiben schneiden. Die Scheiben mit 380 ml Wasser, dem Reisessig, dem Zucker und 1 1/2 TL Salz in einem Topf aufkochen, vom Herd nehmen und abkühlen lassen. 2 EL eingelegten Ingwer und 1 bis 2 EL Einlegeflüssigkeit für den Gurkensalat beiseitelegen, den Rest in ein Schraubglas füllen und anderweitig verwenden. Im Kühlschrank aufbewahrt, hält sich der eingelegte Ingwer mehrere Wochen. Ersatzweise kann man auch eingelegten Ingwer im Asienladen kaufen.

4 Für den Gurkensalat die Gurke waschen und auf dem Gemüsehobel in dünne Scheiben schneiden. Mit 1 Prise Zucker, Salz und Pfeffer würzen und etwas ziehen lassen. Den eingelegten Ingwer klein schneiden und mit der beiseitegestellten Einlegeflüssigkeit, dem Olivenöl und dem Dill unter die Gurkenscheiben mischen.

5 Für die Gewürzbuttermilch die Buttermilch in einen hohen Rührbecher geben, Senf, Limettenschale und -saft dazugeben und mit Salz, Pfeffer und 1 Prise Zucker würzen. Bockshornklee und Kardamom in eine Gewürzmühle füllen und die Buttermilch damit würzen. Alles mit dem Stabmixer aufschäumen, dabei das Olivenöl einfließen lassen.

6 Die braune Butter in einer Pfanne erwärmen, mit Chilisalz und der Bockshornklee-Kardamom-Mischung würzen. Das Schweinefilet aus dem Ofen nehmen und in der Gewürzbutter wenden.

7 Den Gurkensalat auf vorgewärmten Tellern anrichten, das Schweinefilet in Scheiben schneiden und auf den Gurkensalat legen. Die Gewürzbuttermilch nochmals aufschäumen und darum herumträufeln. Mit den Dillspitzen garnieren.

Das *Geheimnis* des sanften Garens

» Das Fleisch nehme ich mindestens 20 Minuten vor dem Anbraten
aus dem Kühlschrank, damit es Zimmertemperatur annehmen kann.
Dann brate ich es in wenig Fett in einer Pfanne sanft an. Danach kommt
es in den Ofen und kann dort in Ruhe fertig garen. «

Für den eingelegten Ingwer die Knollen mit einem kleinen Messer möglichst dünn schälen.

Die Ingwerstücke längs mit der Faser in sehr dünne Scheiben hobeln – das geht am besten mit dem Trüffelhobel.

Die Ingwerscheiben in den Essig-sud geben, aufkochen und an-schließend darin abkühlen lassen.

Den eingelegten Ingwer sehr fein schneiden. So kann sich der kräftige Ingwergeschmack gleich-mäßig im Salat verteilen.

Geflügel,
Wild & Lamm

Küchengeheimnis Geflügel

Eine der entscheidenden Fragen bei der Zubereitung von ganzem Geflügel ist, wie man das Fleisch saftig und die Haut knusprig bekommt. Für saftig-zartes Fleisch ist es wichtig, dass man das Geflügel zunächst so lange wie möglich bei sehr milder Hitze gart. Ente und Gans kann man im Ganzen auch gut dämpfen oder dünsten. Erst gegen Ende der Garzeit wird die Temperatur erhöht, damit die Haut schön kross wird. Besonders knusprig wird die Haut, wenn man sie in den letzten 15 Minuten öfter mit stark gesalzenem Wasser einstreicht. Auch mit Gewürzmarinade bestreicht man das Geflügel erst später, damit die Gewürze nicht verbrennen, ihr Aroma aber voll entfalten können. Enthält die Marinade Honig, kommt sie sogar erst in den letzten Minuten auf das Geflügel, denn Honig verbrennt schnell. Das Geflügel dann unbedingt »im Auge behalten«.

Huhn vorbereiten

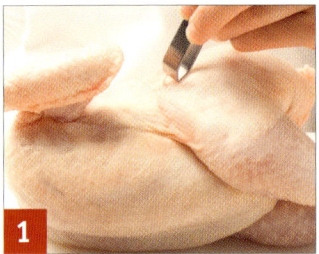

1

Eventuell vorhandene Federkiele mit einer Pinzette aus dem rohen Hähnchen zupfen.

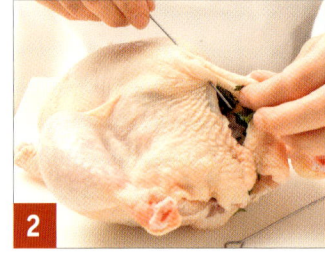

2

Die Bauchhöhle des (gefüllten) rohen Hähnchens mit Rouladennadeln verschließen.

3

Geflügel binden: Ein Stück Küchengarn auf der Rückseite des Huhns um die Flügel legen, dann überkreuzen.

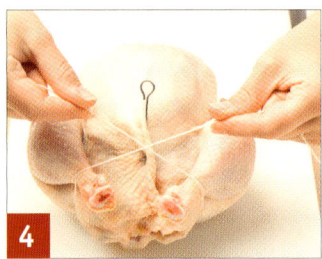

4

Das Huhn umdrehen, das Küchengarn um die Enden der Beine führen und verknoten.

Ob Ente, Gans oder Hähnchen: Vor dem Garen entfernt man die Federkiele. Das geht am besten mit einer Zange oder Pinzette. Wird die Bauchhöhle von Geflügel gefüllt, steckt man sie mit Holzspießen oder Rouladennadeln zu. Man muss das Geflügel dann nicht mehr unbedingt binden, aber durch das Binden bleibt es schön in Form. Wichtig ist das Binden allerdings, wenn Geflügel zuerst gedämpft oder gedünstet wird, wie z. B. die Ente von Seite 142. Dabei wird die Haut zunächst weich und könnte reißen. Für Brathendlgewürz mischt man 2 EL Meersalz, 1½ EL Paprika (edelsüß), 1 EL Tomatenflocken, ½ EL geröstetes Knoblauchpulver, ½ EL Rosmarin, 1 TL gemahlenen Koriander, 1 TL Fenchelsamen, ½ TL Chilipulver (mild), ½ TL Senfmehl und ½ TL Oregano.

Entenbrust zubereiten

1 Eine Barbarie-Entenbrust in einer Pfanne auf der kreuzweise eingeritzten Hautseite anbraten.

2 Die angebratene Barbarie-Entenbrust auf das Ofengitter legen, ein Blech darunterschieben. Fleisch im Ofen bei 100 °C etwa 40 Minuten fertig garen.

3 Die gegarte Entenbrust in einer Pfanne in Gewürzbutter mit Zimt, Kardamom, Knoblauchscheiben und ¼ ausgekratzten Vanilleschote wenden.

Brathendl würzen und garen

1 2 EL Meersalz mit den ganzen und gemahlenen Gewürzen für das Brathendl (siehe linke Seite rechts unten) mischen.

2 Die Gewürzmischung mit etwa 4 EL zerlassener Butter oder Öl verrühren.

3 Die fast fertig gegarte Hähnchenhaut mit der Gewürzbutter bzw. dem -öl bestreichen.

4 Die Keulen des fertig gebratenen Hähnchens herauslösen.

5 Die Brust herauslösen.

6 Die restliche Marinade über das fertige Hähnchen träufeln.

Küchengeheimnis Kartoffeln

Kartoffeln werden je nach ihrem Stärkegehalt in drei Kategorien eingeteilt: Festkochende Kartoffeln (2) enthalten 10 bis 12 Prozent Stärke. Sie platzen beim Kochen kaum auf und behalten ihre Form. Sie eignen sich für Salat, Pell- und Salzkartoffeln; auch für Bratkartoffeln passen sie gut, da sie kaum Fett aufnehmen. Mehligkochende Kartoffelsorten (1) enthalten 15 bis 18 Prozent Stärke. Da Stärke bindet, sind diese Sorten ideal für Knö-del, Gnocchi und Fingernudeln. Sie platzen beim Kochen auf und zerfallen, weshalb sie auch für Kartoffelpüree verwendet werden. Vorwiegend festkochende Kartoffeln liegen im Stärkegehalt zwischen den beiden anderen Sorten und lassen sich gut für Bratkartoffeln, Püree, Pell- und Salzkartoffeln verwenden. Besonders attraktive Kartoffelsorten sind Trüffelkartoffeln (3), rotschalige Sorten wie Rose Val (4) und La Ratte (5).

Warenkunde Kartoffeln

Egal, ob Kartoffeln mit oder ohne Schale, im Ganzen oder zerkleinert gegart werden, wichtig ist immer, dass sie in etwa gleich groß sind, damit sie auch gleichzeitig gar werden. Gart man Kartoffeln mit Schale, kommen reichlich Salz und etwas Kümmel ins Kochwasser, damit sie schon etwas Geschmack annehmen. Bei der Zubereitung von Salzkartoffeln wird das Wasser nur so stark gesalzen, dass man das Salz gerade schmeckt, ähnlich wie bei einer klaren Brühe. Zusätzliches Aroma erhalten Kartoffeln, wenn weitere Gewürze wie ein Lorbeerblatt und eine getrocknete mittelscharfe Chilischote oder einige Safranfäden mit etwas Knoblauch mitgekocht werden.

Gemischte Knödel zubereiten

250 g mehligkochende Kartof-feln in Salzwasser mit 1 TL gan-zem Kümmel weich garen. Ab-gießen, heiß pellen und durch die Kartoffelpresse drücken.

Das Kartoffelmus auf einem großen Teller ausbreiten und ausdampfen lassen. Zugedeckt im Kühlschrank mehrere Stun-den auskühlen lassen.

100 g Semmeln (vom Vortag) in sehr dünne Scheiben schnei-den. 90 ml Milch aufkochen, darübergießen und zugedeckt 5 Minuten ziehen lassen.

Die ausgekühlten Kartoffeln mit den Semmelscheiben, 1 EL Spei-sestärke, 20 g Hartweizengrieß, 2 Eiern und 40 g zerlassener brauner Butter (siehe S.96) mischen.

Mit Salz, Pfeffer, frisch geriebe-ner Muskatnuss und 1 Msp. Zitronenschale zu einem glat-ten Teig verarbeiten. Daraus mit angefeuchteten Händen 8 Knödel formen.

Salzwasser mit 1 Lorbeerblatt, 1 getrockneten Chilischote, 1 halbierten Knoblauchzehe und 2 Scheiben Ingwer aufkochen. Knödel am Siedepunkt etwa 20 Minuten ziehen lassen. Zur Ente (siehe S. 142) servieren.

Gnocchi selbst machen

500 g Kartoffelmus mit 150 g doppelgriffigem Mehl, 4 Eigel-ben, 4 EL brauner Butter (siehe S.96), Salz, Pfeffer und Muskat-nuss verkneten.

Den glatten Kartoffelteig auf der Arbeitsfläche mit den Hän-den zu langen, dünnen Rollen formen.

Mit einer Teigkarte von den Teigrollen Gnocchi abstechen. In siedendem Salzwasser 5 bis 8 Minuten garen. Nach Rezept weiterverwenden.

Küchengeheimnis Wild & Lamm

Unabhängig davon, ob es sich um Wild- oder Lammfleisch handelt, um Kurzbrat- oder Schmorstücke: Wichtig ist, dass das Fleisch »abgehangen« ist, damit es beim Garen mürbe wird und wirklich gut schmeckt. Das ist das ganze Geheimnis! Früher wurde es dazu in Beizen gelegt, diese haben jedoch auch den Geschmack verändert. Heute werden die Teilstücke vakuumiert und im Kühlschrank in der 0-Grad-Zone etwa 3 Wochen gereift, dabei lässt die Spannung im Gewebe nach. Nach dem Reifeprozess wird der entstandene Fleischsaft entfernt, das Fleisch trocken getupft, gegebenenfalls zerkleinert und je nach Rezept weiterverarbeitet. Nach dem Reifen kann man das Fleisch aber auch gut einfrieren, denn beim Tiefkühlen wird der Reifeprozess unterbrochen. Nach dem Auftauen besitzt das Fleisch somit immer noch einen optimalen Reifegrad.

Lammrücken zubereiten

Den ausgelösten Lammrücken in eine ofenfeste Form legen und mit einigen EL Olivenöl beträufeln.

Die Form mit Frischhaltefolie bedecken und den Lammrücken in den 80 °C warmen Ofen geben. 35 bis 40 Minuten garen.

Den gegarten Lammrücken in 1 EL Öl kurz anbraten. 4 EL zerlassene Butter mit Zimt, Kardamom, Knoblauchscheiben und ¼ ausgekratzten Vanilleschote würzen, Fleisch darin wenden.

Den Lammrücken aus der Pfanne nehmen und mit einem scharfen Messer in Scheiben schneiden.

Rehrücken kann auf die gleiche Weise zubereitet werden wie Lammrücken. Diese Zubereitung funktioniert auch in umgekehrter Reihenfolge. Das heißt, dass das Fleisch zuerst rundum in wenig Fett kurz angebraten wird und dann auf dem Ofengitter bei 100 °C etwa 25 Minuten rosa durchzieht. Gewürzt wird es zum Schluss. Eine besonders feine Note bekommt das Fleisch, wenn man das gegarte Stück bei milder Hitze in Gewürzöl oder -butter wendet. Nach Belieben können auch frische Kräuter hinzugefügt werden. Zu Lamm passt Gewürzöl oder Gewürzbutter, jeweils mit Zimtrinde und gemahlenem Kardamom aromatisiert. Zu Reh schmecken die typischen Wildgewürze wie Wacholderbeeren, Lorbeerblatt, Pimentkörner, schwarzer Pfeffer, Zimt, Ingwer, Orangenschale und Kakaobohnensplitter.

Rehbolognese (für offene Lasagne, S.148)

1 2 Zwiebeln schälen. 1 kleine Karotte und 100 g Knollensellerie putzen und schälen. Das Gemüse in feine bzw. kleine Würfel schneiden.

2 500 g küchenfertiges Rehfleisch mit einem scharfen Messer in sehr kleine Würfel schneiden.

3 Wer einen Fleischwolf hat, zerkleinert das Fleisch nur grob und dreht die groben Würfel durch die feine Scheibe des Fleischwolfs.

4 In einer Pfanne 1 EL Öl erhitzen und das Hackfleisch unter Rühren darin krümelig braten. Wieder herausnehmen.

5 1 TL Puderzucker karamellisieren, 2 EL Tomatenmark darin anrösten. Mit 100 ml Portwein und 150 ml Rotwein ablöschen. 10 Minuten einköcheln lassen.

6 Gemüsewürfel und Hackfleisch dazugeben, mit 1/2 l Hühnerbrühe aufgießen. Unter häufigem Rühren 1 1/2 Stunden mehr ziehen als kochen lassen.

7 1 Lorbeerblatt, 1/2 TL schwarze Pfefferkörner, 5 angedrückte Wacholderbeeren, 1 Prise Korianderkörner, 5 Pimentkörner und 1/2 ausgekratzte Vanilleschote in einen Einwegteebeutel füllen.

8 Den Teebeutel verschließen und nach 1 Stunde Garzeit zur Rehbolognese geben. Etwa 30 Minuten mitziehen lassen.

9 Am Ende der Garzeit das Gewürzsäckchen entfernen. 1/2 bis 1 TL Zartbitterschokolade zerkleinern und in der Sauce schmelzen. Bolognese für die Lasagne von Seite 148 verwenden oder mit Nudeln servieren.

Küchengeheimnis Nudeln

Es gibt heute sehr hochwertige getrocknete Nudeln zu kaufen, und bei dem riesigen Angebot lässt die Formenvielfalt keine Wünsche offen. In Feinkostläden bekommt man gelegentlich auch frische Nudeln. Es ist aber gar nicht schwer, Nudelteig selbst herzustellen. Wichtig bei der Zubereitung ist, dass der Teig für die Verarbeitung mit dem Nudelholz oder der Nudelmaschine nicht zu fest ist und nach dem Kneten mindestens 30 Minuten ruht, damit er sich »entspannt« und sich so später gut ausrollen lässt. Deshalb den Teig nach dieser Ruhephase nicht mehr kneten, sondern direkt ausrollen. Wer gefüllte Nudeln macht, kann diese bis zur Weiterverwendung mehrere Stunden auf einem Grießbett ausgebreitet gekühlt lagern. Sie lassen sich auch gut einfrieren. Ravioli und andere Nudelteigtaschen können Sie auch süß füllen und als Hauptspeise oder Dessert servieren.

Nudeln vorgaren

Reichlich Wasser zum Kochen bringen und kräftig salzen. Ingwerscheiben, 1 getrocknete Chilischote und Nudeln hineingeben.

Die Nudeln einige Minuten vor dem Zeitpunkt, zu dem sie al dente gegart sind, in ein großes Sieb abgießen.

Die Nudeln gut abtropfen lassen und auf ein Backblech geben.

Die Nudeln auf dem Blech ausbreiten und mit Olivenöl mischen, damit sie portionsweise entnehmbar sind.

Nudelwasser sollte etwa so salzig schmecken wie Meerwasser. Ich gebe auch einige Scheiben Ingwer und 1 bis 2 kleine getrocknete Chilischoten ins Kochwasser. Sie können auch Kurkuma dazugeben. Nach meiner Methode gießt man die Nudeln einige Minuten vor dem Zeitpunkt, an dem sie al dente wären, ab. Die Nudeln nicht abschrecken, nur abtropfen lassen und mit Öl mischen. Die vorgegarten Nudeln werden später in gewürzter Brühe (evtl. mit Sahne versetzt) fertig gegart. Fix wird daraus auch ein eigenständiges Gericht, z. B. Spaghetti aglio e olio. Dafür viele Knoblauchscheiben, Petersilie und Chiliflocken in die Brühe geben, die Nudeln darin fertig garen, mit Olivenöl beträufeln und mit geriebenem Parmesan bestreuen. Fertig!

Nudelteig zubereiten und ausrollen

1 200 g Mehl und 100 g Hartweizengrieß auf ein Holzbrett häufen. 3 Eier, 2 bis 3 EL Öl und 1 Prise Salz in die Mitte geben.

2 Alle Zutaten mit den Händen oder in der Küchenmaschine zu einem glatten, elastischen Teig verkneten.

3 Den Nudelteig in Frischhaltefolie wickeln und mindestens 30 Minuten kühl stellen.

4 Den Nudelteig zunächst in Portionen teilen und per Hand mit dem Nudelholz portionsweise etwas flach rollen.

5 Den Teig mehrmals durch die Nudelmaschine führen, dabei den Rollenabstand immer kleiner stellen, bis eine Teigplatte in der gewünschten Dicke entsteht.

6 Die dünne Teigplatte in Stücke von 15 bis 20 cm Größe schneiden. So können sie für Lasagne oder gefüllte Nudeln verwendet werden.

Nudelteig zu Bandnudeln schneiden

1 Mit der Maschine: Eine dünn ausgerollte Nudelteigplatte mit dem Bandnudelaufsatz in dünne Bandnudeln schneiden.

2 Per Hand: Eine dünn ausgerollte Nudelteigplatte leicht mit Mehl bestäuben und mit den Händen fest aufrollen.

3 Die Nudelteigrolle mit dem Messer in schmale Bandnudeln schneiden.

Gebratene Hendlbrust
auf Kartoffelpüree mit Gemüse

Zutaten für 4 Personen
Für das Püree:
500 g mehligkochende Kartoffeln
Salz · 1/8 l Milch
2 EL braune Butter (siehe S. 96)
frisch geriebene Muskatnuss

Für das Gemüse:
1 kleiner Zucchino
200 g Cocktailtomaten
100 g Champignons
je 50 g schwarze und grüne
Oliven (entsteint)
1 EL Kapernäpfel
1 EL braune Butter
1 Knoblauchzehe (in Scheiben)
1 Zweig Rosmarin
2 EL Hühnerbrühe
Chilisalz
100 g Schafskäse

Für das Hähnchen:
4 Hähnchenbrustfilets
(à 120 g; ohne Haut)
1–2 EL braune Butter
1 Knoblauchzehe (in Scheiben)
1 Splitter Zimtrinde
1 ausgekratzte Vanilleschote
Salz · Pfeffer aus der Mühle

Außerdem:
4 Zweige Rosmarin

1 Für das Püree die Kartoffeln schälen, waschen, vierteln und in Salzwasser weich garen. In ein Sieb abgießen und wieder in den Topf geben. Die Milch erhitzen, nach und nach zu den Kartoffeln geben und diese mit einem Kartoffelstampfer stampfen, bis ein cremiges Püree entsteht. Mit Salz, brauner Butter und Muskatnuss würzen.

2 Für das Gemüse den Zucchino putzen, waschen und in kleine Würfel schneiden. Die Cocktailtomaten waschen und halbieren. Die Champignons putzen, trocken säubern und vierteln. Die Oliven in Scheiben schneiden und die Kapernäpfel halbieren.

3 Die braune Butter in einer Pfanne erhitzen und Zucchiniwürfel, Champignons mit dem Knoblauch darin bei mittlerer Hitze leicht anbraten. Cocktailtomaten, Oliven, Kapernäpfel und den gewaschenen Rosmarinzweig dazugeben, mit der Brühe ablöschen und knapp unter dem Siedepunkt einige Minuten ziehen lassen. Mit Chilisalz würzen. Den Schafskäse in Würfel schneiden und hinzufügen.

4 Für das Hähnchen die Hähnchenbrustfilets waschen, trocken tupfen und jeweils in 3 bis 4 Stücke schneiden. Die braune Butter in einer Pfanne erhitzen und die Hähnchenstücke darin rundum anbraten. Knoblauch, Zimtsplitter und Vanilleschote hinzufügen, die Pfanne vom Herd nehmen, Hähnchenbrustfilets mit Salz und Pfeffer würzen und in der Resthitze 2 bis 3 Minuten saftig durchziehen lassen.

5 Das Püree mit dem Gemüse auf vorgewärmte Teller verteilen und die gebratene Hendlbrust dazu anrichten. Jeweils mit 1 gewaschenen Rosmarinzweig garnieren.

Das *Geheimnis* des sanften Bratens

» So garen Hähnchenfilets saftig und zart: Ich brate sie bei milder Hitze rundum an, nehme sie vom Herd und lasse sie in der Resthitze der Pfanne gar ziehen. Wenn die Pfanne einen dicken Boden hat, kann sie die Hitze gut speichern und an das Fleisch abgeben. «

Die Kartoffeln in Salzwasser gar kochen. Das Kochwasser dabei nur so stark salzen, dass es angenehm schmeckt.

Die Kartoffeln müssen unbedingt weich gekocht sein, damit sie sich gut stampfen lassen. Am besten eignen sich mehligkochende.

Die Kartoffeln in der Milch mit dem Stampfer zerdrücken. Nicht mit dem Schneebesen verrühren, das Püree wird dabei klebrig.

Die Gewürze erst nach dem Anbraten bei etwas milderer Hitze dazugeben, da sie schnell verbrennen und bitter schmecken.

Hähnchenkeulen-Eintopf
mit Liebstöckelpesto

Zutaten für 4 Personen
Für den Eintopf:
1 kleine Zwiebel
1 Lorbeerblatt
1 Gewürznelke
3 Hähnchenkeulen
(à 250 g; mit Haut)
2 EL Öl
2 l Hühner- oder Gemüsebrühe
je 1 kleine gelbe und orangefarbene Karotte
1 Petersilienwurzel
150 g Knollensellerie
1/2 dünne Lauchstange
frisch geriebene Muskatnuss
150 g Pilze (z. B. Pfifferlinge,
Champignons, Steinpilze)
1 EL braune Butter (siehe S. 96)
Salz

Für das Pesto:
50 g Blattspinat
50 g Petersilie
Salz
10 g Liebstöckelblätter
1 EL Mandelblättchen (geröstet)
1 EL frisch geriebener Parmesan
1 Knoblauchzehe (fein gerieben)
1/2 TL fein geriebener Ingwer
60 ml mildes Olivenöl
60 g zerlassene braune Butter
Pfeffer aus der Mühle
einige Tropfen Zitronensaft

1 Für den Eintopf die Zwiebel schälen, das Lorbeerblatt darauflegen und mit der Nelke feststecken. Die Hähnchenkeulen waschen und trocken tupfen. In einem Topf 1 EL Öl erhitzen und die Hähnchenkeulen darin auf beiden Seiten kurz anbraten. Die Brühe dazugießen, die gespickte Zwiebel hinzufügen und alles langsam aufkochen lassen. Den dabei aufsteigenden Schaum mit dem Schaumlöffel abnehmen und das Fleisch knapp unter dem Siedepunkt etwa 1 Stunde ziehen lassen. Die Hähnchenkeulen aus der Brühe nehmen und etwas abkühlen lassen. Die Brühe durch ein feines Sieb gießen.

2 Die Karotten, die Petersilienwurzel und den Sellerie putzen und schälen, den Lauch putzen und waschen. Das Gemüse in 1 bis 1 1/2 cm große Rauten schneiden. Das restliche Öl in einem Topf erhitzen und das Gemüse darin bei mittlerer Hitze andünsten. Die Garbrühe der Hähnchenkeulen (etwa 1,2 l) hinzufügen und das Gemüse darin etwa 15 Minuten ziehen lassen. Kurz vor dem Servieren mit Muskatnuss würzen.

3 Die Hähnchenkeulen von Haut und Knochen befreien und das Fleisch in etwa 1 1/2 cm große Stücke schneiden. Das Hähnchenfleisch zum Gemüse in den Eintopf geben.

4 Für das Pesto den Spinat und die Petersilie verlesen und waschen, grobe Stiele entfernen. Spinat und Petersilie in kochendem Salzwasser kurz blanchieren. In ein Sieb abgießen, kalt abschrecken und abtropfen lassen. Das restliche Wasser mit den Händen gut ausdrücken und die Blätter klein schneiden.

5 Spinat, Petersilie und gewaschenen Liebstöckel in den Küchenmixer geben. Mandeln, Parmesan, Knoblauch, Ingwer, Olivenöl und braune Butter hinzufügen und mit Salz, Pfeffer und Zitronensaft würzen. Alles zu einer feinkörnigen Paste pürieren.

6 Die Pilze putzen, trocken säubern und in Stücke schneiden. Die braune Butter in einer Pfanne erhitzen und die Pilze darin portionsweise anbraten, mit Salz würzen.

7 Den Eintopf in vorgewärmten tiefen Tellern anrichten und das Liebstöckelpesto und die Pilze darauf verteilen.

Das *Geheimnis* der Kräuter

» Liebstöckel hat einen sehr kräftigen Eigengeschmack, deshalb
reicht bereits eine kleine Menge davon für das Pesto. Ideale Partner
zum Kombinieren sind Spinat und Petersilie – durch das Blanchieren werden sie milder und runden das Pesto geschmacklich ab. «

Die Pilze nur trocken säubern.
Beim Waschen würden sie Wasser
aufsaugen und anschließend nicht
braten, sondern kochen.

Die Pilze portionsweise braten,
damit alle Bodenkontakt haben.
So braten sie gleichmäßig und
es tritt kein Saft aus.

Spinat und Petersilie ganz kurz
in Salzwasser blanchieren und
kalt abschrecken, damit die Blätter ihre grüne Farbe behalten.

Die braune Butter muss flüssig,
darf aber nicht zu heiß sein. Sie
gibt dem Pesto eine milde, nus-
sige Geschmacksnote.

Kräuterbrathendl
mit Fenchel-Gewürz-Füllung

Zutaten für 4 Personen
Für das Hähnchen:
1 Handvoll Kräuterblätter
(z.B. Petersilie, Salbei, Dill,
Basilikum, Kerbel, Estragon)
1 Masthähnchen (1 1/2 kg)
je 1/2 kleine Zwiebel und
Fenchelknolle
3 Stiele Petersilie
je 1 TL Fenchelsamen, schwarze
Pfefferkörner und
Korianderkörner
2 TL Butter
300 ml Hühnerbrühe
60–80 g zerlassene braune
Butter (siehe S. 96)

Für die Sauce:
Korianderkörner
Fenchel- und Anissamen
2–3 Scheiben Knoblauch
1 Scheibe Ingwer
je 1 Msp. abgeriebene
unbehandelte Zitronen- und
Orangenschale
1 EL kalte Butter

1 Den Backofen auf 160 °C vorheizen. Ein Ofengitter auf die untere Schiene und darunter ein Abtropfblech schieben. Die Kräuterblätter waschen und trocken tupfen.

2 Vom Hähnchen die Innereien entfernen, das Hähnchen innen und außen waschen und trocken tupfen. Die Hähnchenhaut mithilfe eines Löffelstiels vom Hals und von der Bauchhöhle her lösen und vorsichtig etwas anheben. Die Kräuterblätter unter die Haut der Brust und der Keulen schieben.

3 Die Zwiebel schälen, den Fenchel putzen und waschen. Beides in 1 bis 2 cm große Stücke schneiden. Die Petersilie waschen, trocken schütteln und grob schneiden. Zwiebel, Fenchel und Petersilie mischen. Die Fenchelsamen mit den Pfeffer- und Korianderkörnern mischen, in eine Gewürzmühle füllen und die Zwiebel-Fenchel-Mischung damit würzen. Die Bauchhöhle des Hähnchens mit der Gemüsemischung füllen und mit Rouladennadeln verschließen. Die Hähnchenkeulen mit einem Faden zusammenbinden (siehe Seite 126). Auf jede Brust jeweils 1 TL Butter geben.

4 Die Brühe erhitzen, in einen Bräter geben und das Hähnchen hineinsetzen. Das Hähnchen im Ofen 1 1/4 Stunden garen. Nach dieser Zeit die Backofentemperatur auf 200 °C erhöhen. Das Hähnchen aus dem Bräter nehmen (die Brühe beiseitestellen), auf das Ofengitter setzen und weitere 20 bis 25 Minuten knusprig braun braten. Dabei etwa alle 5 Minuten mit der braunen Butter bestreichen.

5 Für die Sauce die Hähnchenbrühe aus dem Bräter in einen Topf geben. Je 1 Prise Korianderkörner, Fenchel- und Anissamen, den Knoblauch und den Ingwer dazugeben und 1 bis 2 Minuten einköcheln lassen. Dann Zitronen- und Orangenschale und die kalte Butter unterrühren.

6 Das Kräuterbrathähnchen tranchieren und mit der Fenchel-Gewürz-Füllung und der Sauce auf vorgewärmten Tellern anrichten. Nach Belieben Baguette dazu servieren.

Das *Geheimnis* der Aromenvielfalt

» Das Fleisch dieses Brathendls hat einen ganz besonderen Geschmack,
da es von innen und außen mit Aromen überflutet wird.
Sie kommen zum einen von der würzigen Füllung, zum anderen
von den Kräuterblättern, die direkt unter der Haut liegen. **«**

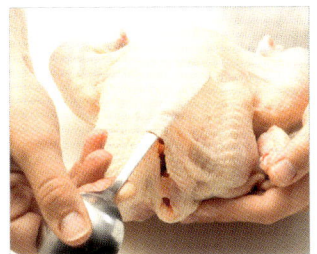

Die Haut vom Hals und der Bauchhöhle her mit einem Löffelstiel lösen. Die Haut der Keulen von der Bauchhöhle her lösen.

Die Kräuterblätter unter die Haut schieben. Dort sind sie geschützt, und ihr Aroma zieht direkt ins Fleisch ein.

Die Petersilienstiele für die Füllung mit klein schneiden. Ihr intensiver Geschmack ähnelt eher dem der Wurzeln als der Blätter.

Die Bauchhöhle des Hähnchens mit der kräftig gewürzten Gemüsemischung füllen.

Pochierte Hähnchenbrust
auf Morchel-Zitronen-Sauce mit Spargel

Zutaten für 4 Personen
Für die Hähnchenbrust:
20 kleine getrocknete Morcheln
1 kleine Zwiebel
1 Lorbeerblatt
1 Gewürznelke
1 l Hühner- oder Gemüsebrühe
4 Hähnchenbrustfilets
(à 120 g; ohne Haut)
1 EL Öl

Für den Spargel:
400 g grüner Spargel
1 EL braune Butter
(siehe S. 96)
Salz

Für die Sauce:
1–2 TL Puderzucker
70 ml Weißwein
1 EL Sherry (medium dry)
80 g Sahne
1 EL Speisestärke
1 Spritzer Zitronensaft
1 Msp. abgeriebene unbehandelte
Zitronenschale
Salz
mildes Chilipulver

Außerdem:
1 EL zerlassene braune Butter
Chilisalz

1 Für die Hähnchenbrust die Morcheln in einer Schüssel mit kaltem Wasser bedeckt etwa 1 Stunde einweichen. Die Morcheln abgießen und abtropfen lassen, das Einweichwasser auffangen und durch einen feinen Papierfilter gießen.

2 Die Zwiebel schälen, mit dem Lorbeerblatt belegen und mit der Nelke darauf feststecken. Die Brühe in einem Topf mit der gespickten Zwiebel bis zum Siedepunkt erhitzen. Die Hähnchenbrustfilets waschen und trocken tupfen. Das Öl in einer Pfanne erhitzen und die Hähnchenfilets darin bei mittlerer Hitze auf beiden Seiten anbraten. Das Fleisch in die heiße Brühe geben und knapp unter dem Siedepunkt bei etwa 80 °C 15 bis 20 Minuten gar ziehen lassen, bis sie saftig sind. Die gespickte Zwiebel entfernen und 400 ml Brühe abnehmen. Die Hähnchenbrustfilets in der restlichen Brühe warm halten.

3 Für den Spargel die grünen Spargelstangen waschen, nur im unteren Drittel schälen und die holzigen Enden entfernen. Die Stangen schräg halbieren. Die braune Butter in einer Pfanne erhitzen und den Spargel darin anbraten. Mit etwa 50 ml Hühnerbrühe ablöschen und 5 Minuten dünsten. Die Hälfte der eingeweichten Morcheln hinzufügen und erhitzen. Mit etwas Salz würzen.

4 Für die Sauce den Puderzucker in einem kleinen Topf bei milder Hitze hell karamellisieren. Mit dem Wein und dem Sherry ablöschen und fast vollständig einköcheln lassen. Etwa 350 ml Hühnerbrühe, 1 bis 2 EL Morchelwasser und die Sahne dazugießen und alles einmal aufkochen lassen. Die Stärke mit etwas kaltem Wasser glatt rühren und unter die leicht köchelnde Brühe rühren, bis sie sämig gebunden ist. Die Sauce mit dem Zitronensaft und der -schale sowie etwas Salz und Chilipulver würzen. Die restlichen Morcheln dazugeben und in der Sauce erwärmen. (Übrige Brühe für Saucen oder Suppen verwenden.)

5 Die Sauce auf vorgewärmten Tellern verteilen. Den Spargel und die Morcheln darauf anrichten. Die Hähnchenbrustfilets in Scheiben schneiden, mit der braunen Butter bestreichen und mit Chilisalz würzen, auf dem Spargel anrichten.

Das *Geheimnis* der feinen Sauce

» Würzige Hühnerbrühe, Wein und Sherry bilden die Basis dieser verführerischen Sauce. Dazu kommt noch ein besonderer Aromakick: Das Einweichwasser der Morcheln hat den kräftigen Geschmack der Pilze angenommen und eignet sich deshalb hervorragend zum Aromatisieren. «

Die Hähnchenbrustfilets sanft und nicht zu lange anbraten, da das Fleisch ohne Haut keine Schutzhülle mehr hat.

Die Filets in der Brühe knapp unter dem Siedepunkt sanft weitergaren, damit es zart und saftig bleibt.

Das Einweichwasser der Morcheln durch einen Papierfilter gießen. Es enthält fast immer Sand, der in den Rippen der Pilze versteckt war.

Die Morcheln in die Sauce geben und kurz ziehen lassen. Sie entfalten auch ohne Anbraten ihren vollen Geschmack.

Kross gebratene Ente
mit Selleriesalat

Zutaten für 4 Personen
Für die Ente:
1 Bauernente (ca. 2 1/2 kg)
400 g Kalbsknochen und
-sehnen (zerkleinert)
1/2 Zwiebel · 1/2 Apfel
Salz · Pfeffer aus der Mühle
getrockneter Majoran
getrockneter Beifuß
2–3 Streifen unbehandelte
Orangenschale
1,2 l Hühnerbrühe

Für die Sauce:
2 Zwiebeln
1 kleine Karotte
100 g Knollensellerie
2 TL Puderzucker
1 EL Tomatenmark
1/4 l Rotwein
getrockneter Beifuß
je 1 TL Senf-, Koriander- und
schwarze Pfefferkörner
1/2 TL Pimentkörner
3 Scheiben Ingwer
1 Lorbeerblatt
1 Streifen unbehandelte
Orangenschale · Salz
2 TL angerührte Speisestärke

Für den Salat:
1 kleine Sellerieknolle (ca. 1 kg)
2–3 l Gemüsebrühe
2 EL Rotweinessig
1 TL scharfer Senf
Chilisalz · Zucker
je 1 TL Sternanis, Korianderkörner
und Zimtsplitter
2 EL Öl

1 Für die Ente den Backofen auf 220 °C vorheizen. Von der Ente die Flügelknochen (bis auf 2 bis 3 cm) abhacken. Die Ente waschen und trocken tupfen. Die Beine zusammenbinden. Die Flügelknochen und den Kragen etwas zerkleinern und mit den Kalbsknochen auf einem mit Backpapier ausgelegten Backblech im Ofen 20 bis 30 Minuten bräunen, das austretende Fett entfernen. Die Ofentemperatur auf 140 °C reduzieren.

2 Die Zwiebel schälen, den Apfel waschen, beides in grobe Würfel schneiden und mit Salz, Pfeffer, je 1 Prise Majoran und Beifuß würzen. Die Orangenschale dazugeben. Die Bauchhöhle der Ente mit etwas Salz ausreiben und mit der Zwiebel-Apfel-Mischung füllen. Die gefüllte Ente mit einem Holzspieß verschließen und in einen Bräter setzen. Die Brühe dazugießen und die Ente zugedeckt im Ofen etwa 2 1/2 Stunden garen. Die Ente herausheben und die Entenbrühe entfetten.

3 Die Backofentemperatur auf 180 °C hochschalten. Ein Ofengitter auf die untere Schiene und darunter ein Abtropfblech schieben. Die Ente auf das Gitter legen und weitere 45 bis 60 Minuten knusprig braun braten. Gegen Ende der Garzeit mehrmals mit Salzwasser bestreichen.

4 Für die Sauce das Gemüse schälen bzw. putzen und schälen und in etwa 1 cm große Würfel schneiden. Den Puderzucker in einem Topf bei milder Hitze hell karamellisieren. Das Tomatenmark unterrühren und kurz mitrösten. Mit 1/8 l Wein ablöschen und sämig einköcheln lassen. Restlichen Wein hinzufügen und wieder einköcheln. Das Gemüse und die gebräunten Knochen hinzufügen. Die Entenbrühe dazugießen und alles knapp unter dem Siedepunkt 1 Stunde ziehen lassen. 20 Minuten vor Ende der Garzeit 1 Prise Beifuß, die Gewürze und die Orangenschale hinzufügen und mitziehen lassen. Die Sauce durch ein feines Sieb gießen. Nach Belieben etwas abgeschöpftes Entenfett in die Sauce rühren und die Sauce mit Salz abschmecken. Mit der Speisestärke binden.

5 Für den Salat die Wurzeln vom Sellerie entfernen, die Knolle gründlich waschen und mit Brühe bedeckt 1 1/2 bis 2 Stunden weich kochen. Dann schälen und zuerst in Scheiben schneiden, diese mehrmals durchschneiden. 300 ml Kochbrühe mit Essig und Senf verrühren, mit Chilisalz und 1 Prise Zucker würzen. Die ganzen Gewürze mischen, in eine Gewürzmühle füllen und die Marinade damit würzen. Das Öl unterrühren, den Sellerie hinzufügen und mindestens 30 Minuten ziehen lassen. Falls nötig, etwas nachwürzen. Die Ente tranchieren und je 1 Stück Keule und Brust mit der Sauce auf vorgewärmten Tellern anrichten. Je 2 gemischte Knödel (siehe Seite 129) und den Selleriesalat dazu servieren.

Das *Geheimnis* der perfekten Ente

>> Die Ente gelingt wunderbar saftig, wenn sie in Brühe
sanft vorgegart wird. Ihre Haut ist trotzdem unwiderstehlich braun
und kross, denn anschließend brate ich sie im Backofen bei
höherer Temperatur fertig. <<

Die gefüllte Ente in einen großen Bräter geben und die Hühner-brühe dazugießen.

Den Bräter verschließen und die Ente zugedeckt im Backofen dünsten. Die Haut bleibt dabei noch ganz hell.

Die Ente im letzten Viertel der Garzeit auf das Ofengitter legen und im Backofen bei höherer Temperatur kross braten.

Gegen Ende der Garzeit die Ente mehrmals mit Salzwasser ein-pinseln – das bringt Geschmack und macht die Haut knusprig.

Klare Ganserlsuppe
mit Liebstöckel

Zutaten für 4 Personen

2 Gänsekeulen (à 450–500 g;
mit Haut)
1 EL Öl
2 l Gänsefond (ersatzweise
Entenfond oder Hühnerbrühe)
2 Zwiebeln
je 1 gelbe und orangefarbene
Karotte
200 g Knollensellerie
100 g Petersilienwurzel
1 kleiner Zucchino
2 Stiele Liebstöckel
1 Lorbeerblatt
je 1 TL Wacholderbeeren
(angedrückt), Piment- und
schwarze Pfefferkörner
1 getrocknete rote Chilischote
oder 2–3 Scheiben Ingwer

1 Die Gänsekeulen waschen und trocken tupfen. Das Öl in einer Pfanne erhitzen und die Keulen darin bei mittlerer Hitze rundum kurz anbraten. Den Fond in einem großen Topf erhitzen und die Gänsekeulen darin knapp unter dem Siedepunkt etwa 3 Stunden ziehen lassen. Den dabei aufsteigenden Schaum mit dem Schaumlöffel abnehmen.

2 Die Zwiebeln schälen und halbieren. Die Karotten, den Sellerie und die Petersilienwurzel putzen und schälen. Den Zucchino putzen und waschen. Mit dem Perlenausstecher aus beiden Karottensorten, dem Sellerie und dem Zucchino kleine Kugeln ausstechen. Die Gemüseperlen in kochendem Salzwasser fast weich garen und in ein Sieb abgießen. Die Gemüseperlen für die Suppeneinlage beiseitelegen.

3 Die Zwiebeln, die Karotten- und die Selleriereste sowie die Petersilienwurzel nach 2 1/2 Stunden Garzeit zu den Gänsekeulen geben. Den Liebstöckel waschen. Mit dem Lorbeerblatt, den Wacholderbeeren, den Piment- und den Pfefferkörnern sowie der Chilischote oder dem Ingwer dazugeben und ebenfalls mitziehen lassen.

4 Am Ende der Garzeit die Gänsekeulen aus dem Topf heben, die Haut entfernen und das Fleisch von den Knochen lösen. Das Fleisch in kleine Stücke schneiden und nach Belieben für die Ravioli (siehe Seite 146) beiseitelegen oder anderweitig verwenden.

5 Die Ganserlsuppe durch ein mit einem Küchentuch ausgelegtes Sieb abgießen und mit den Gemüsekugeln in tiefen Tellern anrichten. Oder die Suppe in Gläser füllen und bis zur Verwendung abgedeckt kühl stellen. Bei längerer Aufbewahrung die Suppe entweder einfrieren oder kochend heiß in Einmachgläser füllen und verschließen.

Das *Geheimnis* des Liebstöckelaromas

» Nicht nur die Blätter des Liebstöckels, auch seine Stiele
haben jede Menge Aroma. Ich gebe deshalb die Stiele
mit in die Suppe. Doch Vorsicht, sie haben ein starkes und
sehr dominantes Aroma! «

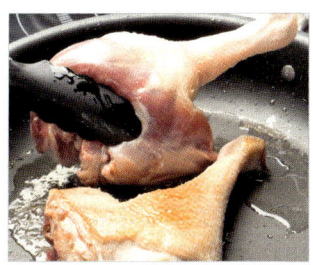

Die Gänsekeulen in Öl rundum
kurz anbraten. Dabei bekommen
sie Farbe, Aroma und die Oberfläche des Fleischs schließt sich.

Mit einem kleinen Kugelausste-
cher aus den Karotten, dem Sellerie und dem Zucchino kleine
Perlen ausstechen.

Die Gemüsereste in die Suppe
geben und mitkochen – sie geben
zusätzlichen Geschmack.

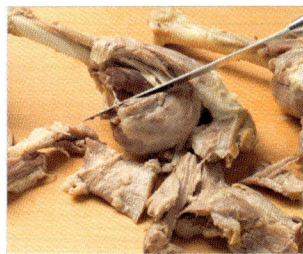

Die Haut von den Gänsekeulen
entfernen und das Fleisch ablösen – das geht nach der langen
Garzeit ganz leicht.

Ganserl-Ravioli und Brätstrudel
in Ganserlsuppe

Zutaten für 4-6 Personen

Für die Ravioli:
100 g doppelgriffiges Mehl · 1 Ei
1 EL Olivenöl · Salz
1/2 Zwiebel · 1/2 kleiner Apfel
Gänsefleisch von Rezept Ganserl-
suppe (siehe S. 144)
Chiliflocken
getrockneter Majoran
1 EL Kerbelblätter
(frisch geschnitten)
Mehl zum Ausrollen
1 Eiweiß · Grieß
1 getrocknete rote Chilischote
1 Lorbeerblatt

Für den Brätstrudel:
1 Ei · 35 g Mehl
85 ml Milch
1–2 EL zerlassene Butter
Salz · Pfeffer aus der Mühle
frisch geriebene Muskatnuss
Butter zum Ausbacken
50 g Kalbsbrät (vom Metzger)
1 EL Sahne
je 1 Msp. abgeriebene
unbehandelte Zitronen- und
Orangenschale
je 1 TL Sternanis, Korianderkörner
und Zimtsplitter

Außerdem:
4 cl weißer Portwein
2 cl Madeira (portug. Wein) · Salz
frisch geriebene Muskatnuss
1 Rezept Ganserlsuppe
(siehe S. 144)
2 EL Schnittlauchröllchen

1 Für die Ravioli Mehl, Ei, Olivenöl und 1 Prise Salz zu einem glatten Teig verkneten. In Frischhaltefolie wickeln und etwa 30 Minuten kühl stellen (siehe Seite 133).

2 Für die Füllung die Zwiebel schälen, in feine Würfel schneiden und in kochendem Salzwasser kurz blanchieren. In ein Sieb abgießen, kalt abschrecken und abtropfen lassen. Den Apfel schälen, entkernen und in kleine Würfel schneiden. Das Gänsefleisch von der Suppe sehr fein hacken und mit den Zwiebel- und Apfelwürfeln mischen. Die Füllung mit Salz, Chiliflocken, 1 Prise Majoran und Kerbel würzen.

3 Die Füllung in einen Spritzbeutel mit Lochtülle (etwa 1 1/2 cm Durchmesser) füllen. Den Teig mit der Nudelmaschine oder dem Nudelholz in nicht zu dünne, 7 bis 8 cm breite Bahnen ausrollen, dabei mit etwas Mehl bestäuben. Jede fertige Teigbahn bis zum Belegen mit Folie abdecken. Eine Teigbahn dünn mit verquirltem Eiweiß bestreichen, jeweils etwas Gansfüllung im Abstand von 2 bis 3 cm daraufsetzen und eine 2. Teigbahn locker und so glatt wie möglich darüberlegen. Die obere Teigplatte mit den Fingern um die Füllung herum andrücken. Mit einem gezackten Teigrad Quadrate ausschneiden. Die Ränder ohne Luftblasen verschließen und die Ravioli bis zum Kochen auf ein mit Grieß bestreutes Tablett legen.

4 Für den Brätstrudel das Ei verquirlen und mit dem Mehl verrühren. Erst die Milch unterrühren, dann die zerlassene Butter hinzufügen, mit Salz, Pfeffer und Muskatnuss würzen. Den Teig 30 Minuten quellen lassen. In einer Pfanne etwas Butter erhitzen. Den Teig darin portionsweise bei milder Hitze zu dünnen Pfannkuchen ausbacken, abkühlen lassen.

5 Für die Füllung Kalbsbrät mit Sahne und den Zitrusschalen verrühren. Anis, Koriander und Zimt mischen, in eine Gewürzmühle füllen und das Kalbsbrät damit würzen. Das Brät auf die Pfannkuchen streichen, aufrollen und mit einem Messer in 1/2 cm dicke Scheiben schneiden.

6 Portwein und Madeira in einem Topf etwas einköcheln. Die Ganserl-suppe (siehe Seite 144) dazugießen und erhitzen. Die Brätstrudelradel dazugeben und knapp unter dem Siedepunkt 3 Minuten ziehen lassen.

7 Reichlich Salzwasser aufkochen, Chilischote und Lorbeerblatt hinzufügen und die Ganserl-Ravioli darin etwa 3 Minuten gar ziehen lassen. Jeweils etwas Muskatnuss in vorgewärmte tiefe Teller reiben und die Ganserl-Ravioli darauf verteilen. Die Suppe, die Brätstrudelradel und die Gemüseperlen hineingeben. Mit Schnittlauchröllchen bestreuen.

Das *Geheimnis* des Geschmacks

» Ein Gaumenfeuerwerk: Nicht nur die Raviolifüllung, auch die Brühe ist ein Hochgenuss mit dem unverwechselbaren Geschmack von Gänsefleisch. Verstärkt wird er noch durch konzentrierten Portwein und Madeira, die ich vorher reduzieren lasse, damit der Alkohol verfliegt. «

Das Brät mit etwas Sahne verrühren, damit es geschmeidiger wird und sich leicht verstreichen lässt.

Das Brät auf die ausgekühlten Pfannkuchen streichen. Wird Brät zu warm, gerinnt es leicht.

Die bestrichenen Pfannkuchen möglichst straff aufrollen, damit man sie später gut in Scheiben schneiden kann.

Mit einem scharfen Messer mit schmaler Klinge die Pfannkuchenrouladen in gleichmäßige schräge Scheiben schneiden.

Offene Lasagne
mit Rehbolognese

Zutaten für 4 Personen
Für die Sauce:
1 Schalotte
1–2 EL schwarze Pfefferkörner
1 TL Puderzucker
2 cl Cognac · 150 ml Weißwein
1/8 l Apfelsaft
1/4 l Hühnerbrühe · 100 g Sahne
1 TL Speisestärke
1 TL Quittengelee
1 Msp. unbehandelte
Orangenschale · Salz

Für das Gemüse:
200 g Rosenkohl
8 Mini-Karotten (mit Grün) · Salz
3 EL getrocknete Totentrompeten
1 EL braune Butter (siehe S. 96)
1 Knoblauchzehe (in Scheiben)
1 Scheibe Ingwer
1 Msp. abgeriebene unbehandelte
Zitronenschale
Pfeffer aus der Mühle
mildes Chilipulver
frisch geriebene Muskatnuss

Für das Rehfilet:
4 Rehfilets
(à 50 g; küchenfertig)
1 EL braune Butter

Außerdem:
8 Lasagneblätter (Fertigprodukt)
Salz · 2 Scheiben Ingwer
2 milde getrocknete rote
Chilischoten
2 EL zerlassene braune Butter
1 Rezept Rehbolognese
(siehe S. 131) · Chilisalz
1 EL gehackte Haselnusskerne

1 Für die Sauce die Schalotte schälen und in feine Würfel schneiden. Pfefferkörner grob zerstoßen und in einer Pfanne ohne Fett bei milder Hitze anrösten. Die Schalottenwürfel hinzufügen, mit dem Puderzucker bestäuben und leicht karamellisieren. Mit Cognac, Wein und Apfelsaft ablöschen und etwas einköcheln lassen. Die Brühe angießen und alles 10 bis 15 Minuten ziehen lassen. Dann die Sahne dazugeben, die Sauce durch ein Sieb in einen Topf gießen und wieder erwärmen.

2 Die Stärke mit etwas kaltem Wasser glatt rühren. Unter die kochende Sauce rühren, bis sie leicht sämig gebunden ist. Die Pfeffersauce 2 Minuten köcheln lassen. Das Quittengelee und die Orangenschale unterrühren und die Sauce mit Salz würzen.

3 Für das Gemüse den Rosenkohl in einzelne Blätter teilen. Die Karotten putzen, schälen und das Grün auf 1 cm kürzen. Beides nacheinander in einem Topf in kochendem Salzwasser bissfest blanchieren. Mit dem Schaumlöffel herausheben, kalt abschrecken und abtropfen lassen. Die Totentrompeten in dem Gemüsewasser aufkochen, vom Herd nehmen und 5 Minuten ziehen lassen. Dann abgießen und etwas zerkleinern.

4 Für das Rehfilet den Backofen auf 100 °C vorheizen. Ein Ofengitter auf die mittlere Schiene und darunter ein Abtropfblech schieben. Die Rehfilets in einer Pfanne in der braunen Butter bei mittlerer Hitze rundum kurz anbraten. Auf das Gitter legen und im Ofen etwa 10 Minuten rosa durchziehen lassen.

5 Rosenkohlblätter und Karotten mit den Totentrompeten in der braunen Butter mit Knoblauch und Ingwer erhitzen und mit Zitronenschale, Salz, Pfeffer sowie je 1 Prise Chilipulver und Muskatnuss würzen.

6 Lasagneblätter nach Packungsanweisung in kochendem Salzwasser mit dem Ingwer und den Chilischoten bissfest garen. Herausnehmen, kurz abtropfen lassen und aus jedem Teigblatt 2 Kreise (à etwa 8 cm Durchmesser) ausstechen.

7 Je 1 Nudelkreis auf vorgewärmte Teller legen und mit etwas brauner Butter bestreichen. Etwas Rehbolognese (siehe Seite 131) darauf verteilen und mit einem Nudelkreis belegen. Diesen Vorgang noch zweimal wiederholen. Die weiße Pfeffersauce erhitzen, mit dem Stabmixer aufschäumen und um die Lasagne ziehen. Das Gemüse dazu anrichten. Die Rehfilets aus dem Ofen nehmen und in einer Pfanne in der braunen Butter schwenken, mit Chilisalz würzen, schräg in dicke Scheiben schneiden und zur Lasagne servieren. Mit den Haselnüssen bestreuen.

Das *Geheimnis* der Sauce

» Die Pfefferkörner werden zerstoßen und sanft angeröstet, damit sie ihr volles Aroma entwickeln. Die Sauce wird durch sie leicht bräunlich. Wenn Sie die Pfefferkörner im Ganzen verwenden, bleibt die Sauce weiß. Sie passt auch zu kurz gebratenem Fleisch und Fisch. «

Den Puderzucker über den Pfeffer und die Schalotten sieben und karamellisieren – so bekommt alles eine feine Karamellnote.

Cognac, Wein und Apfelsaft angießen und einkochen lassen. Dabei verfliegt der Alkohol, und der Geschmack intensiviert sich.

Die Speisestärke mit etwas kaltem Wasser glatt rühren. Nach und nach in die kochende Sauce geben, bis diese leicht bindet.

Das Quittengelee dazugeben und unterrühren. Es rundet die Sauce geschmacklich ab und gibt ihr ein leicht fruchtiges Aroma.

Rosa gebratene Lammkeule
mit Koriander-Minz-Pesto

Zutaten für 6-8 Personen

Für die Lammkeule:

1 Lammkeule
(ca. 2,2 kg; mit Knochen)
1 EL Öl
1 1/8 l Hühnerbrühe
150 g Cocktailtomaten
2 Knoblauchzehen (in Scheiben)
2 Zweige Rosmarin
500 g kleine festkochende
Kartoffeln
1 getrocknete rote Chilischote
1 Lorbeerblatt
2 kleine Fenchelknollen
1 Zucchino
1/2 Bund Frühlingszwiebeln
1 Streifen unbehandelte
Zitronenschale
1 EL braune Butter (siehe S. 96)
Salz · 2-3 EL Olivenöl
Pfeffer aus der Mühle oder
mildes Chilisalz

Für das Pesto:

je 20 g Petersilien- und
Spinatblätter
je 10 g Minze- und
Korianderblätter · Salz
1-2 TL Mandelblättchen (geröstet)
1/2 kleine Knoblauchzehe
(gerieben)
1 Msp. geriebener Ingwer
1 Msp. Vanillemark
120 ml Olivenöl
Pfeffer aus der Mühle
mildes Chilipulver
1 Msp. abgeriebene unbehandelte
Zitronenschale

1 Für die Lammkeule den Backofen auf 130 °C vorheizen. Die Lammkeule in einem weiten Bräter im Öl rundum anbraten. Das Bratöl entfernen. 1/8 l Brühe angießen und die Keule im Ofen auf der mittleren Schiene 3 bis 3 1/2 Stunden rosa garen. Die Cocktailtomaten waschen und nach 2 Stunden Garzeit mit dem Knoblauch und dem gewaschenen Rosmarin zur Lammkeule geben und mitgaren.

2 Inzwischen für das Pesto Petersilien-, Spinat-, Minze- und Korianderblätter waschen und abtropfen lassen. Petersilie und Spinat etwa 30 Sekunden in kochendem Salzwasser blanchieren. In ein Sieb abgießen, kalt abschrecken und abtropfen lassen. Mit den Händen gut ausdrücken und mit den Minze- und Korianderblättern grob zerkleinern.

3 Den Blättermix mit Mandeln, Knoblauch, Ingwer, Vanillemark und Olivenöl in den Küchenmixer geben. Mit Salz, Pfeffer, 1 Prise Chilipulver und abgeriebener Zitronenschale zu einer feinkörnigen Paste mixen.

4 Die Kartoffeln schälen, waschen und in einem Topf in 1 l Brühe mit der Chilischote und dem Lorbeerblatt garen. Die Kartoffeln abgießen und zugedeckt warm halten.

5 Den Fenchel putzen, waschen und mit dem Strunk längs in etwa 3 mm breite Scheiben schneiden. Den Zucchino putzen, waschen und in 1/2 cm dicke Scheiben schneiden. Die Frühlingszwiebeln putzen, waschen und schräg halbieren.

6 Am Ende der Garzeit die Keule aus dem Bräter nehmen und warm halten. Den Fond mit den Tomaten, dem Knoblauch und dem Rosmarin in einen Topf geben. Nochmals kurz aufkochen, die Zitronenschale hineingeben und einige Minuten ziehen lassen.

7 Die braune Butter in einer Pfanne erhitzen und die Kartoffeln darin bei mittlerer Hitze anbraten. Mit Salz würzen.

8 Das Olivenöl in einer Pfanne erhitzen und die Fenchel- und Zucchinischeiben darin bei mittlerer Hitze auf beiden Seiten braten. Die Frühlingszwiebeln dazugeben und kurz mitbraten. Mit Salz und Pfeffer oder Chilisalz abschmecken.

9 Das gebratene Gemüse auf vorgewärmte Teller verteilen und den Fond darübergeben. Von der Lammkeule dünne Scheiben abschneiden, auf das Gemüse legen und mit etwas Chilisalz bestreuen. Mit den Kartoffeln und dem Koriander-Minz-Pesto servieren.

Das *Geheimnis* des saftigen Fleischs

» Große Fleischstücke brate ich zuerst an, damit sie eine schöne Farbe bekommen. Anschließend gare ich sie langsam im Backofen bei milder Hitze, so bleibt das Fleisch wunderbar saftig. Verwenden Sie am besten Ober-/Unterhitze, dann wird das Fleisch nicht trocken. «

Den Fenchel mitsamt Strunk in Scheiben schneiden. Er hält die Blätter zusammen und ist nicht holzig.

Die Frühlingszwiebeln zum Schluss in die Pfanne geben, weil sie die kürzeste Garzeit haben.

Cocktailtomaten, Knoblauch und Rosmarin nach 2 Std. zum Lamm geben. In der restlichen Garzeit entfalten sie ihr Aroma perfekt.

Das Lammfleisch längs in Scheiben schneiden. Rosa gebraten ist es besonders saftig, es kann aber auch durchgebraten werden.

Desserts

Küchengeheimnis Eier

Eier sollten möglichst frisch gekauft werden und eine saubere und unversehrte Schale haben. Um das Eindringen fremder Aromen durch die poröse Schale zu verhindern, bewahrt man die Eier im Kühlschrank am besten im Eierkarton oder in einem gut verschließbaren Gefäß auf. Keinesfalls in der Nähe von stark riechenden Lebensmitteln lagern! Eier müssen heute in den Ländern der EU so gekennzeichnet werden, dass man anhand des Stempels auf dem Ei das Land, die Haltungsform und den Erzeugerbetrieb ablesen kann. Die erste Zahl des Stempels bezeichnet die Haltungsform: 0 = Ökologische Erzeugung, 1 = Freilandhaltung und 2 = Bodenhaltung. Auch 3 = Käfighaltung muss nach EU-Recht gekennzeichnet werden, diese Haltung ist jedoch in Deutschland seit 2010 nicht mehr erlaubt. Auf der Verpackung findet man außerdem das Mindesthaltbarkeitsdatum.

Eier trennen

1 Jedes Ei einzeln über einer Tasse oder einem Schälchen aufschlagen.

2 Eigelb und Eiweiß durch vorsichtiges Umschütten des Eigelbs sorgfältig trennen, sodass sie sich nicht vermischen.

Eischnee schlagen

1 Eiweiße mit 1 Prise Salz in eine saubere, trockene Schüssel geben.

2 Die Eiweiße mit den Quirlen des Handrührgeräts zu Eischnee schlagen.

Damit Eischnee wirklich fest wird, gebe ich immer 1 kleine Prise Salz dazu. Wenn man Eischnee ohne Zucker schlägt, wird er ziemlich schnell steif, allerdings muss man den Eischnee dann sofort weiterverarbeiten. Für Eischnee mit Zucker gilt: Je mehr Zucker enthalten ist, umso länger muss geschlagen werden. In der Regel wird der Zucker in drei Portionen dazugegeben: Das erste Drittel kommt sofort zu den aufgeschlagenen Eiweißen. Dann wird mit Geduld geschlagen. Sobald der Eischnee fest ist, das nächste Drittel einrieseln lassen und weiterschlagen, bis wieder fester Schnee entstanden ist; dann kommt das letzte Drittel dazu. Jetzt nur noch so lange schlagen, bis der Zucker sich aufgelöst hat und der Eischnee schön cremig ist. Dann nach Rezept verwenden.

Biskuit zubereiten

5 Eigelb mit 1 EL Vanillezucker und 1 Msp. abgeriebener unbehandelter Zitronenschale in eine Schüssel geben.

Die Eigelbe mit den Quirlen des Handrührgeräts so lange schlagen, bis die Mischung hellschaumig ist.

5 Eiweiß mit 1 Prise Salz und 100 g Zucker zu Eischnee schlagen. Auf den Eigelbschaum geben und unterheben.

100 g Mehl daraufsieben und ebenfalls unterheben.

Den Teig mit der Teigkarte auf das mit Butter eingefettete und dünn bemehlte Backblech streichen.

Den Biskuit im auf 200 °C vorgeheizten Backofen auf der mittleren Schiene 12 bis 15 Minuten goldbraun backen.

Baiser zubereiten

3 Eiweiß mit 1 Prise Salz und 150 g Zucker zu einem cremigen Eischnee schlagen.

Eischnee in einen Spritzbeutel mit runder Lochtülle füllen. Kleine Tupfen dicht nebeneinander z. B. auf eine gebackene Früchtetarte spritzen.

Die Baisertupfen unter dem Backofengrill bei 200 °C auf der 2. Schiene von unten etwa 5 Minuten gratinieren.

Schneenockerl
auf Vanillesauce

Zutaten für 4 Personen
Für die Sauce:
1 Vanilleschote
1/4 l Milch
250 g Sahne
50 g Zucker
3 Eigelb
2 Eier
Salz
1 EL Rum

Für die Nockerl:
3 Eiweiß
90 g Zucker
Salz
3/4 l Milch
1 ausgekratzte Vanilleschote
2 Splitter Zimtrinde
je 1 Streifen unbehandelte
Zitronen- und Orangenschale

Außerdem:
1 Handvoll gemischte Beeren
4 Minzeblätter
1 EL gehobelte Pistazien

1 Für die Sauce die Vanilleschote längs aufschneiden und das Mark mit einem spitzen Messer herauskratzen. Die Milch und die Sahne mit der Hälfte des Zuckers, der Vanilleschote und dem -mark in einen Topf geben und aufkochen lassen. Währenddessen in einen kleinen Topf 3 cm hoch Wasser füllen und zum Kochen bringen.

2 Die Eigelbe und die Eier mit dem restlichen Zucker und 1 Prise Salz in einer Schüssel mit dem Schneebesen hellschaumig aufschlagen. Die kochende Vanillemilch nach und nach unter Rühren hinzufügen und die Schüssel auf den kleinen Topf über den aufsteigenden Wasserdampf stellen. Mit einem Teigschaber die Vanillecreme nun beständig, aber ruhig von der Schüsselwand wegrühren (das nennt man »zur Rose abziehen«) – dabei auf maximal 75 °C erhitzen. Dann die Sauce sofort durch ein Sieb in eine andere Schüssel gießen, so kühlt sie etwas ab. Anschließend mit dem Rum verfeinern.

3 Für die Nockerl die Eiweiße mit dem Zucker und 1 Prise Salz zu einem festen Schnee schlagen (siehe Seite 154). Die Milch mit der ausgekratzten Vanilleschote, Zimtsplittern, Zitronen- und Orangenschale in einem weiten Topf einmal aufkochen lassen, dann die Hitze reduzieren und gegebenenfalls den Topf etwas von der Herdplatte ziehen, damit die Temperatur bis knapp unter den Kochpunkt sinkt.

4 Zwei Esslöffel in kaltes Wasser tauchen und damit aus dem Eischnee Nockerl abstechen. Die Nockerl in die heiße Milch setzen und zugedeckt etwa 5 Minuten ziehen lassen – die Milch sollte nicht kochen.

5 Die Beeren verlesen, waschen und abtropfen lassen. Die Minzeblätter waschen und trocken tupfen. Die Vanillesauce auf Dessertteller verteilen. Die Schneenockerl mit dem Schaumlöffel aus der Milch nehmen und auf der Vanillesauce anrichten. Mit den Pistazien und den Beeren bestreuen und mit der Minze garnieren.

Das *Geheimnis* der Sauce

» Legen Sie direkt auf die Oberfläche der Vanillesauce einen Bogen Frischhaltefolie, dann bildet sich keine Haut. Wenn Sie die Vanillesauce kalt servieren, können Sie noch etwas steif geschlagene Sahne unterheben – so wird die Sauce besonders luftig. «

Die kochend heiße Vanillemilch wird nach und nach in die Eiermasse gerührt – nicht umgekehrt, sonst flocken die Eier aus!

Die Creme immer wieder vom Rand wegrühren, damit sie gleichmäßig heiß wird und nicht an der Schüssel ansetzt.

Die Sauce durch ein Sieb gießen. Dabei werden die Vanilleschote und evtl. gestocktes Ei aufgefangen, und die Sauce kühlt etwas ab.

Den Rum in die etwas abgekühlte Sauce rühren – so behält er sein volles Aroma.

Süße Schlutzkrapfen
mit Ricotta und Amarettibutter

Zutaten für 4 Personen
Für den Nudelteig:
100 g Roggenmehl
100 g Weizenmehl
2 Eier
1 EL Olivenöl · Salz

Für die Füllung:
60 g getrocknete Feigen
30 g Zartbitterschokolade
1 EL Pistazien · 250 g Ricotta
Mark von 1/2 Vanilleschote
1 EL Zucker
Salz · Pfeffer aus der Mühle
je 1/2 TL abgeriebene
unbehandelte Zitronen- und
Orangenschale
1/2 TL Zimtpulver
1/2 TL gemahlener Kardamom

Außerdem:
Mehl zum Ausrollen
1 Eiweiß
100 g braune Butter
(siehe S. 96)
1/2 Vanilleschote
frisch geriebene Zimtrinde
2–3 EL zerstoßene Amaretti
2 Scheiben Ingwer
1 EL Zucker · Salz
1 Zimtrinde
je 1 Streifen unbehandelte
Zitronen- und Orangenschale
4 frische Feigen · 4 Stiele Minze
Puderzucker zum Bestäuben

1 Für den Nudelteig beide Mehlsorten mit den Eiern, dem Olivenöl und 1 Prise Salz zu einem glatten, elastischen Nudelteig verkneten. Den Teig in Frischhaltefolie wickeln und im Kühlschrank 30 Minuten ruhen lassen.

2 Für die Füllung den Stielansatz der Feigen abschneiden und die Feigen in kleine Würfel schneiden. Die Schokolade und die Pistazien grob hacken und beides mit den Feigen unter den Ricotta mischen. Vanillemark, Zucker und je 1 Prise Salz und Pfeffer sowie Zitronen- und Orangenschale, Zimtpulver und Kardamom unterrühren. (Die Füllung kann nach Belieben noch mit ein paar Tropfen Rum oder etwas Nusslikör verfeinert werden.)

3 Den Nudelteig mit der Nudelmaschine oder dem Nudelholz zu dünnen, etwa 12 cm breiten Teigbahnen ausrollen, dabei mit etwas Mehl bestäuben. Die Teigbahnen längs halbieren, sodass zwei etwa 6 cm breite Teigbahnen entstehen. Diese mit verquirltem Eiweiß bestreichen. Mit einem Teelöffel im Abstand von 3 bis 4 cm etwas Füllung in die Mitte setzen. Die Teigbahnen längs über der Füllung zusammenlegen und mit den Fingern um die Füllung herum andrücken. Mit einem runden Ausstecher halbmondförmige Taschen ausstechen und die Ränder ohne Luftblasen verschließen.

4 Die braune Butter mit der Vanilleschote und dem Zimt in einer Pfanne erwärmen. Die zerstoßenen Amaretti dazugeben.

5 Einen Topf mit Wasser zum Kochen bringen, Ingwer, Zucker, 1 Prise Salz, Zimtrinde, Zitronen- und Orangenschale hinzufügen. Die Schlutzkrapfen im kochendem Wasser 2 bis 3 Minuten bissfest garen, mit dem Schaumlöffel herausheben und in der Amarettibutter wenden.

6 Die Feigen waschen, trocken tupfen und vierteln. Die Minze waschen, trocken schütteln und die Blätter abzupfen. Die Schlutzkrapfen mit der Amarettibutter in vorgewärmten tiefen Tellern anrichten, mit den Feigen und der Minze garnieren und mit dem Puderzucker bestäuben.

Das *Geheimnis* des Teigs

» Roggenmehl gehört traditionell in einen Schlutzkrapfenteig.
Es macht den Teig glatt und geschmeidig, wodurch man ihn schön dünn
ausrollen kann. Voraussetzung dafür ist, dass man ihn mindestens
30 Minuten ruhen lässt und danach nicht mehr knetet. «

Den Nudelteig mit der Nudelmaschine ausrollen – so erhält man gleichmäßig dünne Teigbahnen.

Von der Ricotta-Feigen-Füllung kleine Häufchen mit etwas Abstand mittig auf die Teigbahnen setzen.

Die Teigbahnen über den Häufchen zusammenklappen und gut andrücken. Dabei sollte möglichst wenig Luft eingeschlossen werden.

Der Ausstecher sollte etwa 1/2 bis 1 cm größer sein als die Ricottahäufchen, damit etwas Rand stehen bleibt.

Orientalische Reiscreme
mit Datteln und Orangen

Zutaten für 4 Personen
Für die Creme:
400 ml Milch
1/2 Vanilleschote
50 g Zucker
1 Zacken Sternanis
1 Lorbeerblatt
3 Scheiben Ingwer
1 getrocknete rote Chilischote
100 g Milchreis
3 1/2 Blatt Gelatine
2 cl Orangenlikör
1 TL Zimtsplitter
1 TL Kardamomkapseln
2 Eiweiß · Salz
je 1 TL unbehandelte Zitronen-
und Orangenschale
100 g Sahne

Außerdem:
200 g frische Datteln
2 kernlose Orangen
einige Minzeblätter
1 EL Pistazien
Pfeffer aus der Mühle
1 EL mildes Olivenöl

1 Für die Creme den Backofen auf 170 °C vorheizen. Die Milch in einem ofenfesten Topf aufkochen. Die Vanilleschote längs aufschneiden und das Mark mit einem spitzen Messer herauskratzen. Das Vanillemark, ein Drittel des Zuckers, Sternanis, Lorbeerblatt, Ingwer und Chilischote zur Milch geben. Den Milchreis unterrühren und zugedeckt im Ofen auf der mittleren Schiene etwa 30 Minuten ausquellen lassen, dabei gelegentlich umrühren. Anschließend den Milchreis in eine Schüssel geben, Sternanis, Lorbeerblatt, Ingwer und Chilischote wieder entfernen und den Milchreis auf Zimmertemperatur abkühlen lassen.

2 Die Gelatine in kaltem Wasser einweichen. Den Orangenlikör in einem kleinen Topf erwärmen. Die Gelatine ausdrücken, im Likör auflösen und unter den Milchreis rühren. Zimtsplitter und Kardamom mischen, in eine Gewürzmühle füllen und den Reis damit würzen.

3 Die Eiweiße mit dem restlichen Zucker und 1 Prise Salz zu einem cremigen Schnee schlagen und mit der Zitronen- und Orangenschale unter die Reiscreme ziehen. Die Sahne cremig schlagen und ebenfalls unterheben. Die Reiscreme in Gläser (à 150 ml Inhalt) füllen und im Kühlschrank etwa 30 Minuten auskühlen lassen.

4 Inzwischen die Datteln häuten, halbieren und entsteinen. Die Hälften nochmals längs halbieren. Die Orangen mit einem Messer so großzügig schälen, dass auch die weiße Haut mit entfernt wird, und die Filets zwischen den einzelnen Trennhäuten herausschneiden. Die Minzeblätter waschen und trocken tupfen.

5 Die Datteln und die Orangenfilets mit den Pistazien auf der Reiscreme anrichten. Pfeffer grob darübermahlen, mit Olivenöl beträufeln und mit den Minzeblättern garnieren.

Das *Geheimnis* der Luftigkeit

» Den Eischnee ziehe ich zuerst unter den Reis, denn er verträgt Wärme besser als geschlagene Sahne. Der Reis kühlt dabei zusätzlich ab. Anschließend hebe ich die Sahne unter. So wird die Creme besonders luftig. «

Den Milchreis in eine Schüssel umfüllen, damit er schneller abkühlt. Dabei die Gewürze entfernen.

Die Kardamomkapseln vor dem Einfüllen in die Gewürzmühle leicht andrücken, so lassen sie sich besser mahlen.

Den Eischnee sofort unter den abgekühlten Reis ziehen. Steht er zu lange, fällt er in sich zusammen, und die Creme wird nicht glatt.

Die Reiscreme in Dessertgläser verteilen. Mit Orangenfilets, Dattelstreifen und Minze garnieren.

Himbeerkuchen
mit Sauerrahm und Sahne

Zutaten für 4 Personen
Für den Biskuit:
Butter und Mehl
für das Blech
5 Eier · 1 EL Vanillezucker
1 Msp. abgeriebene unbehandelte
Zitronenschale
100 g Zucker · Salz
100 g Mehl

Für den Belag:
600 g tiefgekühlte Himbeeren
140 g Zucker
1 Msp. abgeriebene unbehandelte
Orangenschale
Vanillezucker
100 ml Orangensaft
1/2 TL geriebener Ingwer
7 Blatt Gelatine
400 g frische Himbeeren
200 g saure Sahne · 400 g Sahne
50 g Zimtzucker (ersatzweise
50 g Zucker mit 1 gestr. TL Zimtpulver gemischt)

1 Für den Biskuit den Backofen auf 200 °C vorheizen. Ein Backblech mit Butter einfetten und mit Mehl bestäuben. Die Eier trennen. Die Eigelbe mit dem Vanillezucker und der Zitronenschale in einer Schüssel mit den Quirlen des Handrührgeräts schaumig rühren. Die Eiweiße mit dem Zucker und 1 Prise Salz zu einem cremigen Schnee schlagen und vorsichtig unter die Eigelbmasse heben. Das Mehl ebenfalls unterheben.

2 Die Biskuitmasse auf dem Blech verteilen und glatt streichen. Den Biskuit im Ofen auf der mittleren Schiene 12 bis 15 Minuten backen, herausnehmen und auskühlen lassen.

3 Für den Belag die tiefgekühlten Himbeeren auftauen lassen. Mit dem Zucker, der Orangenschale, 1 Prise Vanillezucker und dem Orangensaft in einen Topf geben. Den Ingwer dazureiben und die Flüssigkeit aufkochen. Die Mischung durch ein Sieb streichen, damit die Kerne entfernt werden – so wird der Himbeersud feiner.

4 Die Gelatine in kaltem Wasser einweichen. Die frischen Himbeeren verlesen, waschen und trocken tupfen. Die Gelatine ausdrücken und im heißen Himbeersud auflösen. Die frischen Himbeeren dazugeben, die Mischung sofort auf dem Biskuit verteilen und auskühlen lassen.

5 Die saure Sahne glatt rühren. Die Sahne steif schlagen und unter die saure Sahne heben. Die Sahnemischung auf der Himbeerschicht verteilen, glatt streichen und gleichmäßig mit dem Zimtzucker bestreuen. Den Himbeerkuchen am gleichen Tag servieren. Wer den Kuchen vorbereiten möchte, gibt die Himbeeren darauf und stellt die Sahnemischung erst kurz vor dem Servieren fertig.

Das *Geheimnis* der Fruchtmasse

» Tiefgekühlte Himbeeren eignen sich gut für den Sud.
Zum Verfeinern des Geschmacks gebe ich noch frische Beeren dazu.
Die Himbeermasse sollte schnittfest sein, der Kuchen schmeckt
aber am besten, wenn sie so weich wie möglich ist. «

Die aufgetauten Himbeeren mit Zucker, Orangenschale, Vanillezucker und Orangensaft in einen Topf geben. Ingwer dazureiben.

Die kochend heiße Himbeermasse durch ein Sieb in eine Schüssel streichen. Dabei bleiben die Kerne im Sieb zurück.

Die eingeweichten Gelatineblätter mit der Hand ausdrücken. Unter den heißen Himbeersud rühren und darin auflösen.

Die frischen Himbeeren werden unter den warmen Himbeersud gezogen.

Kokoscreme
mit Karamell

Zutaten für 4 Personen
100 g Zucker
200 ml Kokosmilch
200 ml Milch
1 Msp. Vanillemark (ersatzweise
etwas Vanillezucker)
Salz
2 Eigelb
2 Eier

1 Den Backofen auf 160 °C vorheizen. Auf die unterste Schiene ein tiefes Backblech schieben, mit Küchenpapier auslegen und 2 cm hoch kochend heißes Wasser einfüllen.

2 In einem kleinen Topf die Hälfte des Zuckers bei mittlerer Hitze hell karamellisieren, auf vier Soufflé-Förmchen (à 150 ml Inhalt) verteilen und fest werden lassen.

3 Die Kokosmilch, die Milch, den restlichen Zucker, das Vanillemark und 1 Prise Salz in einem Topf aufkochen. Die Eigelbe und die Eier in einen Rührbecher geben und die kochend heiße gewürzte Milch mit dem Stabmixer unterrühren.

4 Die Eiermilch auf dem Karamell verteilen und die Förmchen in das mit Wasser gefüllte Backblech stellen. Die Creme im heißen Wasserbad im Ofen etwa 30 Minuten stocken lassen.

5 Die Förmchen aus dem Wasserbad nehmen und die Kokoscreme auskühlen lassen. Die Creme mit einem kleinen Messer am Rand entlang von den Förmchen lösen und auf Dessertteller stürzen. Der flüssig gewordene Karamell läuft dabei darüber. Die Kokoscreme nach Belieben mit Himbeeren und Minzeblättern garnieren.

Das *Geheimnis* der richtigen Konsistenz

» Für dieses Dessert soll der Karamell gebräunt, aber nicht zu dunkel und die Kokosmasse cremig-fest sein. Entscheidend sind Temperatur und Garzeit. Man kann nach 20 Minuten den Garpunkt prüfen (indem man ein Messer in die Creme sticht). Creme eventuell früher herausnehmen. «

Den flüssigen Karamell sofort gleichmäßig auf vier Soufflé-Förmchen verteilen und fest werden lassen.

Die gemixte Kokos-Eier-Milch auf den fest gewordenen Karamell in die Förmchen gießen.

Gefüllte Förmchen in das mit Küchenpapier belegte und mit Wasser befüllte Blech stellen. Blech wieder in den Ofen schieben.

Die gestockte Creme aus der Form lösen, indem man mit einem Messer mit dünner Klinge am Rand entlangfährt. Stürzen.

Register

Die Rezepte der Fernsehfolgen im Buch